PLR – Participação nos Lucros ou Resultados

PLR – Participação nos Lucros ou Resultados

2021

Tiago Rodrigues de Castro

ALMEDINA

PLR : PARTICIPAÇÃO NOS LUCROS OU RESULTADOS

AUTOR: Tiago Rodrigues de Castro

DIRETOR ALMEDINA BRASIL: Rodrigo Mentz
EDITORA JURÍDICA: Manuella Santos de Castro
EDITOR DE DESENVOLVIMENTO: Aurélio Cesar Nogueira
ASSISTENTES EDITORIAIS: Isabela Leite e Larissa Nogueira

DIAGRAMAÇÃO: Almedina
DESIGN DE CAPA: FBA

ISBN: 9786556274218
Dezembro, 2021

Dados Internacionais de Catalogação na Publicação (CIP)
(Câmara Brasileira do Livro, SP, Brasil)

Castro, Tiago Rodrigues de
PLR : Participação nos Lucros ou Resultados /
Tiago Rodrigues de Castro. -- São Paulo : Almedina, 2021.

Bibliografia.
ISBN 978-65-5627-421-8

1. Direito do trabalho 2. Empregados - Benefícios
adicionais 3. Fiscalização tributária 4. Imposto de
renda - Brasil. 5. Participação no lucro da empresa
6. Participação no lucro da empresa - Leis e
legislação - Brasil 5. Salários I. Título.

21-89047 CDU-34:331.24(81)

Índices para catálogo sistemático:

1. Brasil : Empregados : Participação nos lucros e resultados da empresa :
Direito do trabalho 34:331.24(81)

Cibele Maria Dias - Bibliotecária - CRB-8/9427

Este livro segue as regras do novo Acordo Ortográfico da Língua Portuguesa (1990).

EDITORA: Almedina Brasil
Rua José Maria Lisboa, 860, Conj.131 e 132, Jardim Paulista | 01423-001 São Paulo | Brasil
editora@almedina.com.br
www.almedina.com.br

SUMÁRIO

1. INTRODUÇÃO

Os acordos de Participação nos Lucros ou Resultados — PLR fazem parte do cotidiano das empresas e possuem alta relevância no âmbito das relações trabalhistas. Ainda que a sociedade esteja cada vez mais complexa, robotizada, com inúmeros tipos de produção, negócios, tecnologia e serviços, o ser humano continua a exercer papel fundamental para os resultados das organizações. Dessa forma, para estas, é altamente estratégico pensar em maneiras de atrair, reter e estimular os seus profissionais, visando um sincero engajamento deles com as metas e resultados esperados por tais empresas.

A Constituição Federal de 1988, em seu artigo 7º, inciso XI, garantiu aos trabalhadores o direito à participação nos lucros ou resultados, de forma desvinculada da remuneração (salários). Esse detalhe se mostra deveras importante, pois o legislador constituinte pretendeu assegurar que a verba identificada como PLR fosse tratada, para fins tributários, com características legais próprias, diferenciando-a da regra geral das verbas comuns da folha de salários das empresas.

Por meio da Medida Provisória — MP nº 794, de 29 de dezembro de 1994, o presidente Itamar Franco disciplinou o assunto. Tal MP foi reeditada por mais de setenta vezes, até que, finalmente, no segundo mandato do presidente Fernando Henrique Cardoso, restou convertida na Lei nº 10.101/2000.

Com base no comando constitucional, a legislação ordinária preservou a característica de manter os valores pagos a título de PLR de forma desvinculada da remuneração (salários). Tal condição, contudo, não se mostrou capaz de garantir a segurança jurídica na implantação desses programas. Detalhes da negociação coletiva, prazos de assinatura, estilo e redação das metas, sujeitos abrangidos, forma de pagamento, dentre outros pormenores passaram a ser rigorosamente analisados e interpretados pela fiscalização tributária.

Dessa forma, nos últimos anos, diversas empresas foram autuadas pela Receita Federal por conta de seus acordos/planos/programas de Participação nos Lucros ou Resultados. Em certas situações, quando a fiscalização entende que o plano de PLR não atende aos requisitos legais, os valores pagos a esse título são considerados como mera remuneração regular (salários) dos trabalhadores contemplados.

Tal interpretação, obviamente, traz enormes reflexos de natureza tributária, como a exigência por parte do Fisco do recolhimento de contribuições previdenciárias sobre os valores pagos, bem como a glosa da dedutibilidade das despesas de PLR da apuração do Imposto de Renda da Pessoa Jurídica — IRPJ e da Contribuição Social sobre o Lucro Líquido — CSLL para as empresas tributadas pelo lucro real, além de multas e juros de mora.

Entretanto, vale destacar que certos fatores utilizados como critérios para a autoridade fiscal aferir se um plano de PLR atende aos preceitos legais não se encontram expressamente previstos na Lei nº 10.101/2000. Assim, é relativamente comum que as fiscalizações se apoiem em conceitos abstratos e subjetivos, inferências ou conceitos e interpretações contidas em decisões proferidas pelo Conselho Administrativo de Recursos Fiscais — CARF, por exemplo.

Nesse sentido, diversas empresas que atuaram de boa-fé na condução de seus programas de PLR acabam sendo penalizadas com autuações vultosas, em absoluta contramão às necessidades que o País possui de estimular sua capacidade produtiva, de criação e empreendedorismo.

A sensação de insegurança nos instrumentos jurídicos (acordos, convenções coletivas) para a formatação dos programas de PLR é evidente. Mesmo grandes empresas, nacionais e multinacionais, com relevantes assessorias jurídica e contábil, já foram destinatárias de autuações dessa natureza.

É necessário, portanto, a partir de uma análise crítica, ponderar sobre: as complexidades que envolvem a elaboração de um plano de PLR; as disposições que constam em lei; os critérios que estão sendo utilizados pela fiscalização nas autuações; os pontos de atenção a serem observados pelas empresas; os reflexos tributários das autuações; a jurisprudência administrativa (foco do presente trabalho) e judicial sobre o tema; e, por fim, as propostas e considerações para mitigar riscos na sua formatação.

Algumas organizações, quando buscam formalizar os instrumentos negociais de PLR, estão mais preocupadas com as consequências exclusivamente trabalhistas e, muitas vezes, focadas apenas em evitar greves ou paralisações decorrentes da pressão sindical e insatisfação de seus empregados. Na prática, é possível que as preocupações decorrentes de possíveis reflexos tributários sobre a PLR sejam tratadas como matéria de ordem secundária, quando muito.

Com o advento das alterações ocorridas na Consolidação das Leis do Trabalho — (CLT) por meio Reforma Trabalhista (Lei nº 13.467/2017), há uma expectativa de que diversos segmentos empresariais passem a atuar com mais intensidade na criação de normas coletivas, apoiados na premissa do "negociado sobre o legislado".

Em tais negociações, entretanto, as eventuais consequências de ordem tributária dos planos de PLR podem ser relativizadas (ou simplesmente ignoradas) ao não observar os critérios previstos na legislação e outros que costumeiramente são utilizados pelas autoridades fiscais e pelo Conselho Administrativo de Recursos Fiscais — CARF na análise da legalidade de tais documentos. Dessa forma, os executivos das empresas, por questões políticas, práticas ou de relacionamento com os dirigentes dos sindicatos de trabalhadores, podem assumir riscos desnecessários no momento de conclusão das regras e condições para a assinatura dos instrumentos jurídicos dos referidos planos/programas.

De fato, esse descuido se revela um contrassenso, pois as autuações tributárias relativas ao PLR podem atingir somas expressivas, milionárias, a depender do tamanho da folha de salários da empresa. Nesse sentido, é necessário que tais dirigentes ponderem com responsabilidade se os critérios definidos na formatação do programa de PLR podem ou não colocar a atividade empresarial em situação de risco e vulnerabilidade perante o ordenamento jurídico.

Como se percebe, a atualidade do tema é cristalina. Por meio da Medida Provisória nº 905, de 11 de novembro de 2019, o Poder Executivo alterou diversos pontos da Lei nº 10.101/2000, com o intuito de buscar solucionar algumas controvérsias existentes na interpretação dos dispositivos legais e aumentar a segurança jurídica. Contudo, tal MP não logrou êxito e acabou sendo revogada.

Posteriormente, as mesmas regras de PLR da MP nº 905/2019 (que haviam sido revogadas) foram novamente inseridas por emenda parlamentar, no momento da análise do Projeto de Lei de Conversão nº 15, de 2020, o qual analisou a Medida Provisória nº 936/20, que instituiu o Programa Emergencial de Manutenção do Emprego e da Renda.

Inicialmente, o Poder Executivo vetou as regras em questão, mas o Congresso Nacional, em sessão de 04 de novembro de 2020, derrubou o veto e foram concretizadas importantes alterações na Lei nº 10.101/2000 por meio da publicação da Lei nº 14.020/2020. Adiante trataremos desses detalhes.

Há que se destacar, ainda, que a elevada carga tributária incidente sobre a folha de pagamento é motivo de inúmeras críticas por parte da sociedade, em especial das instituições que representam o empresariado, como as Federações e Confederações da Indústria e Comércio. Dessa forma, por conta dos incentivos tributários existentes no pagamento de PLR, as empresas se utilizam dessa prerrogativa para estimular os seus empregados e, também, para alinhar de forma estratégica os seus objetivos empresariais às metas definidas pela alta Administração.

O artigo 3º da Lei nº 10.101/2000 estabelece expressamente que a PLR não constitui base de incidência de nenhum encargo trabalhista. Além disso, também dispõe que, para as pessoas jurídicas que façam apuração na sistemática do lucro real, será permitido deduzir a PLR como despesa operacional das participações atribuídas aos empregados nos lucros ou resultados.

Portanto, superada essa curta e objetiva introdução a respeito dos desafios que temos a tratar sobre a temática da PLR, passaremos a um breve histórico e, posteriormente, às questões práticas que envolvem esse assunto.

2. BREVE HISTÓRICO SOBRE A LEGISLAÇÃO DA PARTICIPAÇÃO NOS LUCROS E RESULTADOS — PLR NO DIREITO BRASILEIRO

Ao analisarmos o histórico legal a respeito dos programas de participação nos lucros e resultados no Brasil, identificamos que o primeiro regramento foi trazido já na Constituição Federal de 1946. Dispôs o constituinte:

> Art. 157 — A legislação do trabalho e a da previdência social obedecerão nos seguintes preceitos, além de outros que visem a melhoria da condição dos trabalhadores: [...] IV — **participação obrigatória e direta** do trabalhador nos lucros da empresa, nos termos e pela forma que a lei determinar. (destaque nosso)

Temos a impressão de que o constituinte de 1946 se precipitou ao determinar que a participação nos lucros teria de ser "obrigatória" e que a participação do trabalhador teria de ser "direta". Na prática, nada mais fez do que criar uma norma extremamente inflexível, mas com eficácia limitada, pois o citado comando constitucional só poderia produzir efeitos após a publicação de uma lei ordinária que o disciplinasse.

Normas com esse caráter tendem a ser rejeitadas, pois, ainda que a referida Constituição tenha sido escrita há mais de setenta anos, já naquela oportunidade as empresas existentes tinham cada qual sua realidade econômica, revelando-se uma pretensão descabida do Estado impor uma participação de lucros de forma praticamente coercitiva.

Talvez tivesse sido mais oportuno ter estabelecido um caráter facultativo, estimulando que os trabalhadores buscassem o pagamento de sua participação nos lucros por meio de negociação coletiva e reivindicações diretamente com as empresas.

Sergio Pinto Martins assevera que havia argumentos na época de que a não implantação ocorria justamente por conta desse viés obrigatório, pois a norma constitucional desestimulava e até mesmo impedia a participação facultativa e indireta. Relata o referido autor que a dependência de lei ordinária remetia a diversas incertezas, pois caberia ao legislador, e não às partes, definir regras, por exemplo, sobre a forma de repartição de lucros, tempo de empresa necessário ao trabalhador, requisitos de produção e assiduidade, possibilidade ou não de dedução dessa despesa, dentre outros.[1]

Arion Sayão Romita relata que, apesar da ausência de regulamentação legal, alguns projetos chegaram a ser apresentados ao Congresso Nacional. No entanto, esclarece que "*não se registraram manifestações de entidades representativas dos trabalhadores com reivindicação dirigida à regulação, por lei ordinária, do mandamento da Lei Maior*".[2]

Naquela oportunidade, o projeto de maior relevância sobre o tema foi o do deputado Paulo Sarasate, de nº 1.038, o qual chegou a ser aprovado em Comissão Especial em novembro de 1952, mas após o envio ao Senado, lá permaneceu sem votação até a promulgação de próxima Constituição, conforme esclarece Paulo Sergio João.[3]

Sobre o assunto, após a Constituição Federal de 1946, a de 1967 em seu artigo 158, inciso V, estabeleceu que:

> Art. 158 — A Constituição assegura aos trabalhadores os seguintes direitos, além de outros que, nos termos da lei, visem à melhoria, de sua condição social: (...)

[1] Martins, Sergio Pinto. *Participação dos Empregados nos Lucros das Empresas*. 4. ed., São Paulo: Atlas, 2015, p. 28.

[2] Romita, Arion Sayão. Participação nos lucros ou nos Resultados: instrumentos previstos para a negociação, mecanismos de composição dos litígios. In: Rocha, Valdir de Oliveira (coord.). *Participação dos Empregados nos Lucros*. São Paulo: Dialética, 1995, p. 13.

[3] João, Paulo Sergio. *Participação nos lucros ou resultados das empresas*. São Paulo: Dialética, 1998, pp. 20 e 21.

> V — integração do trabalhador na vida e no desenvolvimento da empresa, com participação nos lucros e, excepcionalmente, na gestão, nos casos e condições que forem estabelecidos;

Como se percebe, a Carta Magna de 1967 retirou a participação "obrigatória e direta" do trabalhador e, ao mesmo tempo, trouxe uma sistemática muito mais abrangente, ao possibilitar ao trabalhador uma integração na vida da empresa, bem como uma participação na gestão, a depender de regulamentação.

A Emenda Constitucional nº 1, de 1969, trouxe nova redação apenas na parte final do dispositivo, mantendo o caput do artigo 158 da Carta e, sem qualquer alteração relevante, dispôs que: *"Art. 165. [...] V — integração na vida e no desenvolvimento da empresa, com participação nos lucros e, excepcionalmente, na gestão,* ***segundo for estabelecido em lei****"; [...] (grifo nosso).*

A teor dessa disposição e de uma análise a respeito da omissão sindical sobre a norma constitucional de participação nos lucros, Arion Sayão Romita[4] pondera que:

> Ao contrário da Constituição de 1946, as Cartas de 1967 e 1969 não aludem a participação obrigatória direta. Está presente a concepção economista-produtivista típica do regime capitalista, o que talvez explique o desinteresse que as classes trabalhadoras sempre manifestaram pelo instituto, já que jamais a reivindicaram, via de atividade sindical, a promulgação de lei ordinária que viesse dar atuação à regra constitucional, além de não forcejarem pela inclusão de cláusula específica nas convenções coletivas de trabalho.

Outro fator histórico interessante é trazido por Marcelo Mascaro Nascimento.[5] Relata o referido autor que algumas empresas, por liberalidade, tiveram a iniciativa de efetuar pagamentos de participação nos lucros, ainda que não houvesse lei determinando os seus critérios.

[4] ROMITA, Arion Sayão. *Participação nos lucros ou nos Resultados: instrumentos previstos para a negociação, mecanismos de composição dos litígios.* In: ROCHA, Valdir de Oliveira (coord.). *Participação dos Empregados nos Lucros.* São Paulo: Dialética, 1995, p. 14.

[5] NASCIMENTO, Marcelo Mascaro. *Participação dos Empregados nos Lucros e Resultados da Empresa.* São Paulo: Saraiva, 2012, p. 90.

Contudo, tais empresas enfrentaram forte resistência dos Tribunais, os quais estavam amparados no Enunciado nº 251 do Tribunal Superior do Trabalho — TST, que versava: "*A parcela da participação nos lucros da empresa, habitualmente paga, tem natureza salarial, para todos os efeitos legais*". Resta óbvio concluir que a iniciativa de tais empresas não teve repercussão para incentivar essa prática no mercado, uma vez que a jurisprudência caminhou no sentido de penalizar aquelas que tiveram a iniciativa, aumentando os custos e incidências para o pagamento da PLR.[6]

Sergio Pinto Martins[7] acentua que, na época em questão, o principal requisito para considerar se a participação nos lucros teria ou não natureza salarial seria a habitualidade em seu pagamento, e que, portanto, se esporádica, não seria possível considerá-la como salário. Revela o citado autor que até mesmo o Supremo Tribunal Federal (STF) chegou a enfrentar o tema, tendo concluído que as "gratificações de balanço" pagas de forma habitual integravam a remuneração do trabalhador, sendo devida a incidência de Fundo de Garantia por Tempo de Serviço (FGTS) e da contribuição previdenciária, conforme se constata nos Recursos Extraordinários (RE) 100.086-PE, de 1984[8], e 77.036-4, de 1982[9].

É simples perceber que, com tal cenário delineado, as empresas não iriam se empenhar na busca da implantação de planos de participação nos lucros.

A Constituição Federal de 1988 pretendeu mudar essa perspectiva. Trouxe inovação e introduziu expressamente, além da participação nos lucros, a possibilidade da participação nos resultados das empresas. Também foi cristalina ao afirmar que tais verbas encontram-se desvinculadas do conceito jurídico da remuneração.

A impressão era que se buscava, finalmente, trazer segurança jurídica a essa prática, estimulando a sua utilização pelas empresas. Assim prescreveu o constituinte:

[6] Idem.

[7] Martins, Sergio Pinto. *Participação dos Empregados nos Lucros das Empresas*. 4. ed., São Paulo: Atlas, 2015, p. 31.

[8] BRASIL. Supremo Tribunal Federal. Primeira Turma. Recurso Extraordinário — RE 100.086-PE, relator Soares Muñoz, Data da Sessão: 18/06/1984.

[9] BRASIL. Supremo Tribunal Federal. Segunda Turma. Recurso Extraordinário — RE 77.036-4, relator Aldir Passarinho, Data da Sessão: 19/11/1982.

> Art. 7º São direitos dos trabalhadores urbanos e rurais, além de outros que visem à melhoria de sua condição social:
>
> [...]
>
> XI — participação nos lucros, ou resultados, desvinculada da remuneração, e, excepcionalmente, participação na gestão da empresa, conforme definido em lei;
>
> [...]

De modo semelhante às Constituições anteriores, o artigo 7º, inciso XI da atual Constituição continuou sendo apenas uma norma programática, com eficácia limitada. Pedro Lenza[10] destaca que esse tipo de norma não vislumbra produzir efeitos imediatos, uma vez que depende de legislação infraconstitucional. No entanto, é possível afirmar que essa diretriz acaba, ao menos, por estabelecer uma espécie de dever ao legislador ordinário.

É nítido constatar a preocupação do constituinte em sinalizar, ainda que de modo implícito, que a legislação que viesse a regulamentar os planos de participação nos lucros ou resultados deveria ser absolutamente cuidadosa, especialmente a esclarecer requisitos para que essa verba não fosse considerada como natureza salarial. A inquietação era latente, pois a conversão dessa verba em espécie de salário poderia acarretar consequências tributárias, especialmente os encargos previdenciários e de FGTS.

Um dos principais efeitos da desvinculação da PLR da remuneração dos empregados é o de afastar a disposição tributária relativa ao artigo 195, inciso I, alínea "a", da Constituição Federal, com redação alterada pela Emenda Constitucional nº 20, de 1998, que assevera:

> Art. 195. A seguridade social será financiada por toda a sociedade, de forma direta e indireta, nos termos da lei, mediante recursos provenientes dos orçamentos da União, dos Estados, do Distrito Federal e dos Municípios**, e das seguintes contribuições sociais**:

[10] Lenza, Pedro. *Direito Constitucional Esquematizado.* 14. ed. rev. atual. e ampl. — São Paulo: Saraiva, 2010, p. 180.

I — **do empregador, da empresa** e da entidade a ela equiparada na forma da lei, incidentes sobre:

a) **a folha de salários e demais rendimentos do trabalho pagos ou creditados, a qualquer título,** à pessoa física que lhe preste serviço, mesmo sem vínculo empregatício;

[...] *(grifo nosso)*

Sobre o dispositivo acima transcrito, Kiyoshi Harada aduz que o legislador constituinte, com demasia de linguagem, quis "*garantir a constitucionalidade da exação incidente sobre qualquer importância paga, devida ou creditada em função do trabalho prestado, independentemente da relação de emprego*".[11]

Os planos de PLR, portanto, apesar de terem origem na relação de natureza trabalhista, dependiam essencialmente de uma correta aplicação no âmbito tributário, pois tal condição era essencial para que as empresas se sentissem estimuladas a efetivamente implantar esses programas.

O constituinte de 1988 reforçou em outro dispositivo a importância da desvinculação do salário de sistemas de remuneração que privilegiem ganhos econômicos resultantes da produtividade do trabalhador. É o que se verifica no artigo 218 da Carta Magna de 1988:

Art. 218. O Estado promoverá e incentivará o desenvolvimento científico, a pesquisa, a capacitação científica e tecnológica e a inovação:

[...]

§ 4º A lei apoiará e estimulará as empresas que invistam em pesquisa, criação de tecnologia adequada ao País, formação e aperfeiçoamento de seus recursos humanos e que ***pratiquem sistemas de remuneração que assegurem ao empregado, desvinculada do salário, participação nos ganhos econômicos resultantes da produtividade de seu trabalho.*** (grifo nosso).

A regulação da disposição prevista no artigo 7º, inciso XI, da Constituição de 1988 demorou seis anos para se concretizar. Ainda assim, se

[11] HARADA, Kiyoshi. *Contribuições Sociais: doutrina e prática.* São Paulo, Atlas, 2015, p. 75.

deu por meio de iniciativa do Poder Executivo, que publicou a Medida Provisória nº 794/1994. Como é cediço, o artigo 62 da Constituição Federal prevê que esse instrumento seja utilizado em caso de "*relevância e urgência*", o que se revela um tanto paradoxal para um assunto que já havia resistido a inúmeros projetos e anteprojetos de lei.[12]

Interessante contexto histórico se deu no período após a promulgação da Constituição, em 05 de outubro de 1988, até a entrada em vigor da Medida Provisória supra, em dezembro de 1994. Apoiadas nas disposições havidas no artigo 7º, inciso XI, do texto constitucional, algumas empresas fizeram por liberalidade o pagamento de PLR e deixaram de efetuar o recolhimento previdenciário sobre tal verba, por entender que a regra de desvinculação da remuneração trazida pela Lei Maior seria interpretada como norma de eficácia plena (ou contida, mas jamais limitada).

Não obstante, o STF construiu jurisprudência no sentido de que, como não havia lei ordinária disciplinando o disposto no artigo 7º, inciso XI, da Constituição, seriam devidas as contribuições previdenciárias sobre o valor pago a título de PLR nesse período de inexistência de regulação específica.[13]

Passadas mais de duas décadas, a discussão se tornou o tema 344 da Repercussão Geral, cujo julgamento ocorreu no RE nº 569.441[14], apreciado pelo plenário em 2014. Em síntese, o ministro Dias Tofolli (Relator) caminhou no sentido de que o preceito constitucional deveria ser interpretado como autoaplicável no que diz respeito à desvinculação da remuneração, ficando pendente ao legislador ordinário apenas regulamentar a forma da referida participação. Na ocasião, ao defender que não deveria haver a incidência das contribuições previdenciárias, Dias Toffoli chegou a afirmar: "*Não vamos punir quem deu efetividade à Constituição!*".

[12] Cardone, Marly A. Mecanismos de aferição das informações constantes dos planos de participação nos lucros ou resultados. In: Rocha, Valdir de Oliveira (coord.). *Participação dos Empregados nos Lucros.* São Paulo: Dialética, 1995, p. 33.

[13] Conforme: BRASIL. Supremo Tribunal Federal. Plenário. Recurso Extraordinário — RE 398.284, relator Menezes Direito, Data da Sessão: 19/12/2008 e BRASIL. Supremo Tribunal Federal. Plenário. Recurso Extraordinário — RE 393.764, relator Gilmar Mendes, Data da Sessão: 25/11/2008.

[14] BRASIL. Supremo Tribunal Federal. Plenário. Recurso Extraordinário — RE 569.441, relator Dias Toffoli, redator do acórdão Teori Zavascki, Data da Sessão: 30/10/2014.

Entretanto, o ministro Teori Zavascki apresentou voto divergente, destacando a existência de jurisprudência de ambas as Turmas do STF no sentido de ser devida a incidência do tributo. Relatou que, quando era ministro do Superior Tribunal de Justiça (STJ), julgou várias vezes o assunto apoiado em tais decisões. Ao final, ressaltou que, em sua opinião, não havia sentido em alterar um entendimento pacífico já consolidado há tanto tempo sobre fatos ocorridos no passado distante. Por fim, o Relator restou vencido, sendo proferidos os votos em maioria concordando com o voto divergente, ao entenderem que a isenção deveria ser interpretada de forma restritiva no período que não havia lei regulando a PLR.

Enfim, superada essa questão e retornando à análise da Medida Provisória nº 794/1994, revela-se bastante oportuno o exame da exposição de motivos desta MP enviada ao Congresso Nacional naquela ocasião. O documento fora subscrito por quatro ministros, responsáveis das seguintes pastas, respectivamente: Previdência Social; Indústria, do Comércio e do Turismo; Fazenda; e Trabalho.

O documento foi objeto de publicação no Diário do Congresso Nacional, de 19 de janeiro de 1995, página 295[15], na qual as referidas autoridades fizeram questão de enfatizar aos congressistas a importância do regramento tributário que deveria nortear o espírito (de aplicação e interpretação) da participação nos lucros e resultados, a saber:

> "4 . Para os trabalhadores, a Medida implica, não apenas aumento do poder aquisitivo, mas um merecido ganho, como retribuição ao esforço que produz a riqueza da sociedade. E é importante ressaltar que nenhuma pressão inflacionária resultará da Medida, pois apenas haverá o repasse aos trabalhadores dos ganhos de produtividade.
>
> 5. Da perspectiva das empresas, **a possibilidade de as quantias pagas aos trabalhadores serem deduzidas como despesas, para fim de apuração do lucro real, além de não constituírem base de cálculo de qualquer encargo trabalhista ou previdenciário**, é forte incentivo ao empregado de mão-de-obra e à produção." (destaques nosso).

[15] CÂMARA DOS DEPUTADOS. Disponível em: https://www2.camara.leg.br/legin/fed/medpro/1994/medidaprovisoria-794-29-dezembro-1994-377270-publicacaooriginal-1-pe.html. Acesso em 12 mar. 2020.

Esse registro reitera o contexto acima explicado, ou seja, os legisladores tinham a ampla expectativa de que os contornos tributários da participação nos lucros e resultados seguiriam o que está expresso no artigo 7º, inciso XI, da Constituição, ou seja, ser a PLR uma verba desvinculada da remuneração.

Conforme já dito alhures, reiteramos que a Medida Provisória em questão foi reeditada anos a fio, por mais de setenta vezes, até finalmente ser convertida na Lei nº 10.101/2000.

Com base em valiosa análise desse histórico feita por Marcelo Mascaro Nascimento[16] a respeito das principais alterações ocorridas ao longo de tais reedições, apresentamos a síntese a seguir:

- MP nº 860, de 27 de janeiro de 1995: privilegiou a negociação direta entre empresa e empregados, por meio de comissão escolhida entre os empregados. Retirou a negociação coletiva sindical.
- MP nº 955, de 24 de março de 1995: incluiu as empresas estatais, remetendo ao Poder Executivo a fixação de diretrizes específicas.
- MP nº 1.276, de 12 de janeiro de 1996: retirou do conceito de empresa a pessoa física e a empresa sem fins lucrativos.
- MP nº 1539-34, de 07 de agosto de 1997: retirou a expressão "*toda empresa deverá convencionar*", alterando a norma para que a PLR fosse objeto de livre negociação. Incluiu na comissão da empresa e empregados a figura de um representante sindical, que deveria ser indicado pelo respectivo sindicato da categoria.
- MP nº 1698-46, de 30 de junho de 1998: Alterou a norma para que o representante do sindicato fosse escolhido dentre os empregados da sede da empresa. Esclareceu que a negociação poderia ser tanto por convenção, quanto acordo coletivo. O artigo que estabelecia que a PLR não teria incidência de qualquer encargo trabalhista ou previdenciário, manteve apenas a questão trabalhista. Limitou o pagamento a duas vezes no ano civil e vedou a antecipação de valores em período inferior a um semestre civil. Autorizou que pagamentos espontâneos a título de PLR efetuados pelas empresas fossem compensados com eventuais obrigações decorrentes de convenções ou acordos relativos a essa verba.

[16] NASCIMENTO, Marcelo Mascaro. *Participação dos Empregados nos Lucros e Resultados da Empresa*. São Paulo: Saraiva, 2012, pp. 92 e 93.

Finalmente, sobreveio a Lei nº 10.101/2000, da qual passaremos a analisar seus principais pontos no decorrer do presente trabalho. Porém, antes disso, se mostra oportuno um breve estudo sobre os principais conceitos e diferenciações entre salário, remuneração, prêmios, abonos, comissões, lucros e resultados.

3. DIFERENCIAÇÃO ENTRE OS CONCEITOS DE SALÁRIO, REMUNERAÇÃO, PRÊMIOS, ABONOS E COMISSÕES

A considerável carga tributária sobre a folha de pagamento dos empregados contratados pelo regime da CLT faz com que sejam envidados esforços (especialmente por parte de legisladores) no intuito de buscar e criar alternativas de verbas remuneratórias com menos encargos para as empresas.

Apesar disso, as teorias que buscam flexibilizar o ordenamento jurídico trabalhista encontram sólidas resistências, basicamente, em duas frentes: a primeira delas, de aspecto social, amparada pelo justo apelo da prevalência do viés alimentício e de subsistência do salário devido ao empregado e, a segunda, de aspecto fiscal e tributário, em que fica evidente que o financiamento de todo o sistema previdenciário é, essencialmente, dependente das contribuições que recaem sobre salários e folha de pagamento das empresas[17].

Assim, antes de se adentrar nas diferentes verbas já existentes, se faz necessário destacar o amplo conceito do vocábulo "salário" no Direito do Trabalho.

Com exceção de seu *caput,* a redação do todos os parágrafos do artigo 457 da CLT foi alterada no ano de 2017, nos seguintes termos:

[17] JOÃO, Paulo Sergio. *Participação nos lucros ou resultados das empresas.* São Paulo: Dialética, 1998, p. 25.

> Art. 457 — Compreendem-se na remuneração do empregado, para todos os efeitos legais, além do salário devido e pago diretamente pelo empregador, como contraprestação do serviço, as gorjetas que receber. (Redação dada pela Lei nº 1.999, de 1.10.1953)
>
> §1º Integram o salário a importância fixa estipulada, as gratificações legais e as comissões pagas pelo empregador. (Redação dada pela Lei nº 13.467, de 2017)
>
> §2º As importâncias, ainda que habituais, pagas a título de ajuda de custo, auxílio-alimentação, vedado seu pagamento em dinheiro, diárias para viagem, prêmios e abonos não integram a remuneração do empregado, não se incorporam ao contrato de trabalho e não constituem base de incidência de qualquer encargo trabalhista e previdenciário. (Redação dada pela Lei nº 13.467, de 2017)
>
> §3º Considera-se gorjeta não só a importância espontaneamente dada pelo cliente ao empregado, como também o valor cobrado pela empresa, como serviço ou adicional, a qualquer título, e destinado à distribuição aos empregados. (Redação dada pela Lei nº 13.419, de 2017)
>
> §4º Consideram-se prêmios as liberalidades concedidas pelo empregador em forma de bens, serviços ou valor em dinheiro a empregado ou a grupo de empregados, em razão de desempenho superior ao ordinariamente esperado no exercício de suas atividades. (Redação dada pela Lei nº 13.467, de 2017)

Desse modo, fazem parte da remuneração do empregado as gorjetas, gratificações legais e comissões pagas pelo empregador. Dentre as referidas gratificações, estão incluídos os diversos adicionais previstos em lei, tais como horas extras, adicional noturno, periculosidade, insalubridade, dentre outros.

Remuneração, portanto, é o termo mais amplo e adequado para efeitos tributários. Conforme Gustavo Filipe Barbosa Garcia, é a contraprestação recebida pelo empregado e engloba a expressão salário e seus demais consectários legais, inclusive a gorjeta. Ou seja, remuneração é gênero, sendo o salário uma espécie.[18]

[18] Garcia, Gustavo Filipe Barbosa. *Curso de Direito do Trabalho*. 4. ed. rev., atual. e ampl., Rio de Janeiro: Forense, 2010, pp. 359 e 360.

A Lei 8.212/1991, que trata sobre a organização da Seguridade Social e o Plano de Custeio, dispõe em seu artigo 28 a definição de "salário-de-contribuição", com nítido aspecto remuneratório, ao estabelecer que se trata da

> [...] Totalidade dos rendimentos pagos, devidos ou creditados a qualquer título, durante o mês, destinados a retribuir o trabalho, qualquer que seja a sua forma, inclusive as gorjetas, os ganhos habituais sob a forma de utilidades e os adiantamentos decorrentes de reajuste salarial [...]".

Apesar dessa ampla incidência, essa lei, em seu artigo 28, parágrafo 9º, alínea "j", exclui expressamente do conceito de salário-de-contribuição a participação nos lucros ou resultados da empresa, desde que paga de acordo com a legislação.

Uma expressão muito utilizada no cotidiano corporativo é a de "salário-base" ou "salário básico". Tal terminologia busca precaver que está se referindo exclusivamente àquela verba paga sem a consideração de qualquer outra parcela, como adicionais, gratificações, gorjetas, comissões, dentre outros. Via de regra, o salário-base é o valor lançado na Carteira de Trabalho e Previdência Social (CTPS) do trabalhador contratado sob o regime celetista.

No que se refere ao conceito da expressão "prêmios", o legislador optou por realizar uma definição legal — o que tende a evitar excessos e subjetivismos na interpretação de casos concretos. Conforme transcrito anteriormente, o artigo 457, parágrafo 4º, da CLT, estabelece que os prêmios são caracterizados pelo fato de o seu pagamento consistir em uma mera liberalidade do empregador concedida por meio de bens, serviços ou dinheiro, devendo, ainda, estar vinculados ao desempenho superior do empregado no exercício de suas atividades.

O abono, por sua vez, é uma espécie de adiantamento, antecipação salarial ou simplesmente um valor a mais que é concedido ao empregado.[19] É relativamente usual, em negociações coletivas, as partes estabelecerem um valor fixo a título de abono único, como forma de compensar os empregados daquela categoria profissional por terem concordado com um reajuste salarial inferior à inflação do período, por

[19] MARTINS, Sergio Pinto. *Direito do trabalho*. 23. ed., São Paulo: Atlas, 2007, p. 232.

exemplo. Insta ressaltar que, a partir de 2017, o abono ou os prêmios não integram o conceito jurídico de remuneração dos empregados, ainda que pagos com habitualidade, tampouco serão base de incidência para qualquer encargo trabalhista ou previdenciário, conforme o artigo 457, parágrafo 2º, da CLT.

Outro detalhe relevante no que se refere à utilização do abono é o Ato Declaratório nº 16/2011, da Procuradoria Geral da Fazenda Nacional. Nele, o referido órgão, embasado em seu parecer PGFN/CRJ/ Nº 2.114/2011, fez constar a seguinte ementa, de forma a balizar a atuação de seus procuradores em juízo: *"Nas ações judiciais que visem obter a declaração de que sobre o abono único, previsto em Convenção Coletiva de Trabalho, desvinculado do salário e pago sem habitualidade, não há incidência de contribuição previdenciária".*

A PGFN não chegou a essa conclusão sem o amparo da firme jurisprudência do Superior Tribunal de Justiça — STJ, como se constata pela ementa a seguir, em sede de Recurso Especial, do ano de 2009[20]:

> PROCESSO CIVIL E PREVIDENCIÁRIO CONTRIBUIÇÃO PREVIDENCIÁRIA — ABONO ÚNICO — NÃO INTEGRAÇÃO AO SALÁRIO.
>
> [...]
>
> 2 "Por expressa determinação legal o abono único não integra a base de cálculo do salário-de-contribuição (Lei nº 8212/91, artigo 28 da, § 9º, acrescentado pela Lei 9528/97, letra 'e', item 7, acrescentado pela Lei 9711/98)". — RESp. 434471/MG, 2ª T., Minº Eliana Calmon, DJ de 14.02.2005 3. Recurso especial provido. (REsp 840.328/MG, Rel. Ministro Teori Albino Zavascki, PRIMEIRA TURMA, julgado em 05/09/2006,).

No que tange ao conceito de comissões, estas possuem evidente natureza salarial, com os reflexos e incidências legais de remuneração. São conhecidas por representarem um determinado percentual que incide sobre o valor de vendas realizadas pelo empregado. Todavia, nada impede que a comissão seja estipulada por meio de um valor fixo

[20] BRASIL. Superior Tribunal de Justiça. Primeira Turma. Recurso Especial — REsp 840.328/MG, relator Teori Albino Zavascki, Data da Sessão: 05/09/2006.

por produto vendido, se assim as partes (empregado e empregador) acordarem.

Em outras palavras, as comissões podem ser definidas como parcelas "*contraprestativas pagas pelo empregador ao empregado em decorrência de uma produção alcançada pelo obreiro no contexto do contrato, calculando-se, variavelmente, em contrapartida a essa produção*".[21]

[21] DELGADO, Mauricio Godinho. *Curso de Direito do Trabalho*, 11. ed., São Paulo: LTR, 2012, p. 766.

4. LUCROS E RESULTADOS

A Lei nº 10.101/2000 confere certa discricionariedade quanto aos critérios e condições que deverão compor o programa de Participação nos Lucros ou Resultados. Dentre eles, o artigo 2º, parágrafo 1º, elenca os índices produtividade e qualidade, bem como a lucratividade da empresa. Ainda, autoriza a utilização de programas de metas, resultados e prazos, previamente acordados.

Não há na lei a definição do que seriam os lucros ou resultados para fins do programa de PLR. Assim, com base nas diretrizes da Lei nº 10.101/2000 e em outras legislações, instrumentos e conhecimentos, deve-se buscar o que melhor se adequa à realidade da empresa e dos seus empregados, uma vez que, conforme Wagner Balera e Thiago Taborda Simões[22], "*nem o Fisco, nem o Poder Judiciário detêm competência para interferirem nos critérios, eleitos pelas partes, que irão reger a participação*".

No âmbito da contabilidade, a definição de lucro contábil é igual receita total menos os custos e despesas totais, conforme se depreende da leitura do artigo 187, da Lei nº 6.404/1976:

> Art. 187. A demonstração do resultado do exercício discriminará:
>
> I — a receita bruta das vendas e serviços, as deduções das vendas, os abatimentos e os impostos;

[22] Balera, Wagner; Simões, Thiago Taborda. *Participação nos Lucros e nos Resultados: natureza jurídica e incidência previdenciária*. São Paulo: Thomson Reuters, 2014, p. 49.

II — a receita líquida das vendas e serviços, o custo das mercadorias e serviços vendidos e o lucro bruto;

III — as despesas com as vendas, as despesas financeiras, deduzidas das receitas, as despesas gerais e administrativas, e outras despesas operacionais;

IV — o lucro ou prejuízo operacional, as outras receitas e as outras despesas; (Redação dada pela Lei nº 11.941, de 2009)

V — o resultado do exercício antes do Imposto sobre a Renda e a provisão para o imposto;

VI — as participações de debêntures, empregados, administradores e partes beneficiárias, mesmo na forma de instrumentos financeiros, e de instituições ou fundos de assistência ou previdência de Empregados, que não se caracterizem como despesa; (Redação dada pela Lei nº 11.941, de 2009)

VII — o lucro ou prejuízo líquido do exercício e o seu montante por ação do capital social.

Os economistas, por sua vez, preferem tratar por meio de lucro econômico, pois este considera, além dos custos explícitos (acima), também os custos implícitos, como ocorre com o custo de oportunidade, os quais são estimados por meio de cálculos do que poderia ser ganho se o capital tivesse sido aplicado em outra alternativa.[23]

Já o Decreto-Lei nº 1.598/1977 define, em seu artigo 6º, o lucro real como o lucro líquido do exercício com os ajustes relativos às adições, exclusões ou compensações previstas no ordenamento jurídico tributário. O parágrafo 1º deste dispositivo destaca que o lucro líquido é "*a soma algébrica de lucro operacional (art. 11), dos resultados não operacionais, do saldo da conta de correção monetária (art. 51) e das participações, e deverá ser determinado com observância dos preceitos da lei comercial*".

O Decreto nº 9.580/2018, que consolida a legislação até então vigente sobre o Imposto de Renda e a regulamenta, dispõe em seu artigo 259 que "*o lucro líquido do período de apuração é a soma algébrica do lucro opera-*

[23] Otto, Nogami; Passos, Carlos Roberto Martins. *Princípios de economia*, 7. ed., São Paulo: Cengage Learning, 2018, p. 241.

cional, das demais receitas e despesas, e das participações, e deverá ser determinado em observância aos preceitos da lei comercial".

Leciona Sergio Pinto Martins[24] que o empregado não é efetivo titular do lucro, tendo apenas o direito de participar deste. Caso contrário, se fosse titular, poderia se confundir com proprietário ou acionista da empresa, o que não é o caso. Ressalta que o lucro é verdadeira espécie de remuneração do empresário, uma vez que o empregado já recebe o salário e não assume o risco da atividade econômica e, portanto, não participa dos prejuízos.

Ante o exposto, nos parece que a intenção da Constituição, ao tratar da participação dos empregados nos lucros da empresa, referiu-se efetivamente ao "lucro líquido".[25]

No que se refere ao termo "resultados", cumpre reiterar que a Carta Magna de 1988 foi a primeira a incluir esse vocábulo, ao estabelecer o direito à Participação nos Lucros ou Resultados — PLR.

Não podemos entender, desse modo, que lucros e resultados seriam expressões sinônimas, uma vez que essa inclusão no texto constitucional não deve ser interpretada como simples casuísmo.

Partindo de tal premissa, os resultados seriam todas as consequências oriundas de fatos, atos e de posturas perpetradas pela empresa, e, portanto, verdadeiros "*frutos colhidos de metas fixadas pela empresa para atingir um determinado fim, que pode ou não resultar em lucro*".[26]

O resultado, entre outros, pode estar relacionado à implantação de novos procedimentos, aumento de eficiência e produtividade, bem como com foco em economia e redução de custos. Ao alcançar as metas relacionadas a esses temas, por exemplo, seriam os empregados detentores do direito à participação nos resultados.[27]

Ante a diferenciação dos conceitos, resta concluir que, no caso de "Programa de Participação nos Resultados — PPR", o pagamento será devido aos empregados em razão da dedicação e esforço no cumpri-

[24] Martins, Sergio Pinto. *Participação dos Empregados nos Lucros das Empresas.* 4. ed., São Paulo: Atlas, 2015, pp. 63 a 65.

[25] Idem, p. 65.

[26] Nascimento, Marcelo Mascaro. *Participação dos Empregados nos Lucros e Resultados da Empresa.* São Paulo: Saraiva, 2012, p. 110.

[27] Balera, Wagner; Simões, Thiago Taborda. *Participação nos Lucros e nos Resultados: natureza jurídica e incidência previdenciária.* São Paulo: Thomson Reuters, 2014, p. 45.

mento das metas previstas, ainda que não seja constatada a existência de lucro no período apurado.

Porém, nada impede que, durante a formulação das regras do programa, as partes estabeleçam critérios mistos, com metas relativas aos lucros da organização e também aos resultados esperados, criando fórmulas e metodologias que definam o pagamento de modo a ponderar a importância e a proporção percentual a serem atribuídas a cada uma das metas e peso dos indicadores no momento da apuração final.

Fernanda Della Rosa[28], ao discorrer, em sua visão, se seria melhor um acordo vinculado a lucros ou a resultados, opina que:

> O melhor é realizar um acordo que contemple a participação sobre os resultados e não sobre o lucro. Em geral, programas que estabelecem o lucro como meta são de difícil entendimento, pois exigem a análise de relatórios complexos. A transparência é o melhor caminho e, nesse sentido, é interessante que sejam utilizadas formas de aferição já conhecidas dos empregados. Pode-se também combinar um plano de participação sobre resultados vinculados a certo nível de lucro, para assegurar a existência de condições favoráveis, de forma que o pagamento não afete a situação financeira da empresa.

Ao comparar a participação nos lucros com a participação nos resultados, a referida autora relaciona algumas vantagens e desvantagens dos institutos. A respeito da participação nos lucros, as *vantagens*, em breve síntese, seriam: não pagar PLR se houver prejuízo; motivar união de esforços; melhorar a qualidade; diminuir pressão sobre departamentos ou unidades e reduzir custos. Dentre as *desvantagens*, estariam a pouca transparência; a análise dos dados, que exige conhecimentos específicos; a menor credibilidade pelos empegados, a desmotivação por pagamentos insuficientes, dentre outros.

No que se refere à participação nos resultados, a autora em referência destaca como *vantagens* o foco no alcance de objetivos específicos; o aumento da credibilidade pelos funcionários; o uso de regras já conhecidas para medir os indicadores; o espírito de equipe; permite conhecer

[28] Della Rosa, Fernanda. *Participação nos Lucros ou Resultados: a Grande Vantagem Competitiva*. 2. ed., São Paulo: Atlas, 2004, p. 149

melhor o desempenho de unidades ou filiais; e permite menor abertura de informações. Sobre as *desvantagens*, relaciona: ter de efetuar o pagamento de PLR mesmo diante de prejuízo; a concorrência entre unidades, podendo gerar conflitos internos; e a dificuldade para mensurar ou atingir objetivos que não tenham sido claramente definidos.[29]

Laercio M. Garrido[30], ao tecer suas observações sobre o assunto, afirma que:

> O lucro tem como principal desvantagem sua não-aceitação pelos empregados e sindicato. Os valores apresentados pela empresa como lucro, dificilmente conseguem ser bem explicados aos empregados. Aquilo que não é entendido ou é difícil de ser explicado, é mais provável de ser considerado como falso. Muitas vezes, variáveis econômicas podem derrubar o lucro de uma organização, sem que a mesma e muito menos seus empregados tenham contribuído para tal. Por essas razões, o lucro é um indicador distante da maioria dos empregados, o que não acontece com as metas e resultados. O operador, sabe perfeitamente por que a produção não atingiu os índices esperados e o vendedor conhece o volume real de vendas de sua área em detalhes. Por tudo isso, recomenda-se deixar o lucro fora da PLR, adotando a participação exclusivamente nas metas e resultados. No entanto, o lucro pode ter um patamar mínimo, a partir do qual a empresa se proponha a compartilhar seus resultados com os empregados.

Ante tais considerações, é forçoso reconhecer que cada empresa, na formulação de um programa de PLR, terá que escolher entre as várias possibilidades e, dentre elas, propor ao sindicato ou Comissão de Trabalhadores sua intenção sobre utilização de regras, metas e indicadores relativos a lucros ou a resultados, conforme seja de sua cultura, seu interesse e necessidade organizacional.

[29] Idem, pp. 55 e 56.

[30] Garrido, Laercio M. *Participação nos Lucros e Resultados*, São Paulo: Nobel, 1999, pp. 39-40.

5. A LEI Nº 10.101/2000

Conforme já citado na Introdução, a Lei nº 10.101/2000, que dispõe sobre a participação dos trabalhadores nos lucros ou resultados da empresa, é resultado da conversão de inúmeras Medidas Provisórias, que tiveram início com a MP nº 794/1994, a qual foi reeditada por dezenas de vezes.

Fábio de Almeida Rego Campinho[31], ao comentar sobre os projetos de lei anteriores às MPs e das dificuldades de implementação que traziam, fez a seguinte análise da atual Lei da PLR:

> A regulação atual é claramente diferente. Ela é minimalista. Aponta somente aspectos genéricos e imprescindíveis, incentivando a autocomposição dos atores envolvidos. São estes que fixarão os contornos da PLR (a modalidade de participação, o percentual do lucro a ser distribuído, o conceito de lucro utilizado, as metas a serem pactuadas, etc.). Em teoria, a partir da interpretação constitucional e legal, pode-se até argumentar da obrigatoriedade da participação, mas na realidade **torna-se claro que a implantação de um programa de PLR é facultativa**, já que não há qualquer previsão de sanção no caso de recusa de umas das partes em negociar o tema. (destaque nosso)

Dentre os principais elementos da Lei nº 10.101/2000, podemos destacar os abaixo elencados:

[31] CAMPINHO, Fabio de Almeida Rego. *Participação nos lucros ou resultados: subordinação e gestão da subjetividade*, São Paulo: LTr, 2009, p. 79.

a) relata que a participação dos trabalhadores nos lucros ou resultados da empresa se traduz em verdadeiro "instrumento de integração entre o capital e o trabalho e como incentivo à produtividade";
b) estabelece que a PLR deve ser objeto de discussão mediante Comissão Paritária (empregados e empresa), com participação sindical, ou de acordo ou convenção coletiva;
c) determina que os instrumentos jurídicos que formalizem a PLR contenham regras claras e objetivas sobre os direitos a serem fixados e suas regras acessórias. Elenca que devem constar mecanismos de aferição e sugere alguns critérios e condições, tais como: produtividade, lucratividade, qualidade, programas de metas e resultados;
d) prevê que a PLR não se caracteriza como remuneração e que não constitui base de nenhum encargo trabalhista;
e) permite a dedução da PLR como despesa operacional, para as pessoas jurídicas que tributam sua renda em bases reais;
f) veda pagamentos mais de duas vezes no mesmo ano civil e em período inferior a um trimestre;
g) institui uma tributação diferenciada de alíquotas e critérios de apuração do imposto de renda para os trabalhadores que irão receber a PLR;
h) privilegia os mecanismos da mediação e arbitragem de ofertas finais, para os casos de litígio sobre a PLR;
i) dispõe que a PLR das estatais seguirá regras editadas pelo Poder Executivo.

Conforme já sinalizado na introdução, torna-se imprescindível destacar as relevantes alterações introduzidas na Lei nº 10.101/2000 por meio da **Lei nº 14.020/2020** (Projeto de Lei de Conversão nº 15, de 2020, o qual, repise-se, analisou a Medida Provisória nº 936/20, que instituiu o Programa Emergencial de Manutenção do Emprego e da Renda). A promulgação das partes vetadas pelo Presidente da República (resultado da derrubada dos vetos pelo Congresso) ocorreu em 06 de novembro de 2020.

As principais alterações ocorreram no artigo 2º da Lei nº 10.101/2000, por meio da inserção de seis novos parágrafos. Em síntese, as inovações legais foram as seguintes:

- possibilidade de adotar, de forma simultânea, os procedimentos de comissão paritária, convenção e acordo coletivo;
- fixação de múltiplos programas de PLR (observados os requisitos legais);
- prevalência da autonomia das partes contratantes em face do interesse de terceiros na criação dos direitos e regras do PLR, tanto no que se refere à fixação dos valores, bem como na possibilidade de utilizar exclusivamente metas individuais;
- previsão legal de que as regras do plano de PLR serão consideradas "previamente" estabelecidas quando: a) forem anteriores ao pagamento da antecipação de valores, se houver; b) tiverem antecedência mínima de 90 (noventa) dias da data do pagamento da parcela única ou da parcela final, caso haja antecipação;
- determina que eventual descumprimento no que se refere à periodicidade dos pagamentos invalida apenas: a) aqueles que excederem ao segundo; b) os que ocorrem em periodicidade inferior a um trimestre, ficando mantida a validade dos demais.
- estabelece a necessidade de que, sendo composta a comissão paritária, deverá ser dada ciência formal para que o ente sindical indique seu representante no prazo de 10 (dez) dias corridos. A eventual inércia do ente sindical na indicação de seu representante não trará prejuízos para o funcionamento da comissão, pois, após o decurso do prazo, poderá iniciar e concluir suas tratativas.

Vale ressaltar que houve a intenção de que as novas regras acima elencadas já incidissem até mesmo para instrumentos de PLR pretéritos de modo que todas essas inovações tivessem caráter apenas interpretativo (aplicação do artigo 106, I, do Código Tributário Nacional). Contudo, o artigo 37, que sugeria essas condições, foi vetado e teve o referido veto mantido pelo Congresso Nacional[32].

Como se observará adiante, os vários artigos da lei em comento são interpretados de diferentes formas pela Secretaria da Receita Federal do Brasil (RFB) no momento da fiscalização do plano de PLR e pelo CARF, nos julgamentos administrativos.

[32] Conforme: https://www.congressonacional.leg.br/materias/vetos/-/veto/detalhe/13405/29. Acesso em: 30 set. 2021

A complexidade dessas interpretações e as consequências advindas de tal situação serão abordadas no decorrer do presente trabalho.

5.1 Participação nos lucros e resultados nas empresas estatais

Por ser uma questão muito específica, entendemos ser relevante tratar, ainda que brevemente, dos programas de participação nos lucros e resultados nas empresas estatais. Conforme dito acima, o artigo 5º da Lei nº 10.101/2000 traz a possibilidade da implementação da PLR em tais empresas, com a ressalva de publicação de eventuais diretrizes pelo Poder Executivo.

Apesar do parágrafo único do artigo em comento definir, de forma restritiva, que empresas estatais seriam aquelas em que a União detenha, direta ou indiretamente, a maioria do capital social, os Estados-Membros interpretaram que a norma também era extensiva no seu âmbito, podendo fixar as diretrizes que coubessem. Eis o trecho em questão:

> Art. 5º A participação de que trata o art. 1º desta Lei, relativamente aos trabalhadores em empresas estatais, observará diretrizes específicas fixadas pelo Poder Executivo.
>
> Parágrafo único. Consideram-se empresas estatais as empresas públicas, sociedades de economia mista, suas subsidiárias e controladas e **demais empresas em que a União, direta ou indiretamente, detenha a maioria do capital social com direito a voto.** (grifos nossos)

As empresas estatais, usualmente, fixam programas alinhados com metas que visam melhorar sua eficiência e a prestação do serviço público, como, por exemplo, redução do grau de dependência do tesouro, questões específicas relativas ao seu desenvolvimento e planejamento estratégico, bem como itens relativos à qualidade do serviço prestado.

Paulo Salvador Frontini[33] ressalta que:

> Peculiar atenção merecem empresas estatais que, por desenvolverem função altamente social, operam subsidiadas pelo Tesouro, o que não é

[33] Frontini, Paulo Salvador. O conceito de empresa e a participação dos empregados nos seus lucros e resultados. In: Rocha, Valdir de Oliveira (coord.). *Participação dos Empregados nos Lucros.* São Paulo: Dialética, 1995, p. 62.

raro encontrar, por exemplo, no setor de transportes coletivos. Cremos que, nesse caso, a referência constitucional a resultados ganha especial relevo, a ser considerado quando da elaboração de normas próprias para as empresas que operam sob controle do Estado.

Como exemplo de âmbito estadual, o Governo do Estado de São Paulo, por meio do Decreto nº 59.598/2013, regulamentou de forma ampla as regras que devem ser seguidas por suas empresas estatais na elaboração dos programas de PLR. Ressalta a referida norma legal que os instrumentos deverão definir claramente os indicadores, metas, pesos, fórmulas de aferição global e parcial, montante máximo de pagamento, critérios de distribuição e período de apuração.

Além disso, determina que o valor máximo a ser distribuído por uma estatal será uma folha de salário nominal, correspondente ao somatório recebido a título de salário-base, anuênio (tempo de serviço) e gratificação de cargo ou função, tendo como parâmetro o mês de dezembro do ano de apuração do programa. Outra disposição de relevo é que o Governo de SP proíbe que os programas estabeleçam antecipação, distribuição intermediária ou garantia de pagamento mínimo desatrelado das metas estabelecidas. Isso é importante, pois, como se verá adiante, um dos requisitos a ser observado pela fiscalização tributária é que se os valores pagos não têm metas como respaldo, na realidade, trata-se de verdadeiro pagamento de salário disfarçado.

O Decreto em análise ainda estabelece que as empresas controladas pelo Estado comprovem a devida capacidade financeira e orçamentária para arcar com o impacto do pagamento da PLR, bem como prevê, obrigatoriamente, que haja autorização específica, em cada exercício, do Conselho de Administração da Companhia. Chama a atenção o fato de que consta previsão de que a autorização para implantação de PLR poderá ocorrer até 31 de março do ano em curso, o que, de certo modo, contraria entendimento de parte da fiscalização, a qual usualmente entende que o acordo deve ser assinado até o último dia do exercício anterior ao período que as metas serão apuradas. Nessa visão, o instrumento da PLR de 2020, por exemplo, deveria ser assinado até 31 de dezembro de 2019 e não durante a sua própria vigência. Tal questão será mais bem examinada em tópico específico, já considerando as inovações legais existentes sobre o assunto.

Na sequência, a norma paulista prevê que os pagamentos de PLR estão condicionados após a devida apuração das metas, com manifestação da Diretoria da empresa, da auditoria interna, bem como da aprovação do Conselho de Administração. Ao final de suas disposições, determina que sejam enviadas as cópias do programa de PLR e do processo de aferição das metas para dois órgãos de controle: a Comissão de Política Salarial — CPS e o Conselho de Defesas dos Capitais do Estado — CODEC, os quais poderão determinar ajustes ou aprimoramentos a depender do caso concreto.

No que se refere às estatais federais, no ano de 2019 foi divulgada pela imprensa a necessidade de melhor controle e gestão nos processos administrativos de pagamento de participação nos lucros ou resultados em estatais. As notícias tiveram por base um relatório (TC 007.142/2018-8)[34] publicado pelo Tribunal de Contas da União (TCU), o qual revelou uma minuciosa auditoria em empresas estatais declaradas como independentes (não precisam de aportes do governo para pagar suas contas), mas que receberam transferências do Tesouro Nacional nos anos de 2013 a 2017. O valor transferido no período foi destinado a quinze empresas (das trinta e cinco analisadas) e atingiu o considerável montante de R$ 18.500.000.000,00 (dezoito bilhões e quinhentos milhões de reais). O que mais causou estranheza é que, mesmo diante do expressivo auxílio, parte dessas estatais usaram os recursos para despesas correntes (o que não seria autorizado) e, ainda, pagaram normalmente participação nos lucros e resultados (PLR) a empregados e dirigentes.[35]

A Resolução (CCE) nº 10, de 30 de maio de 1995, do Conselho de Coordenação e Controle das Empresas Estatais determina, em seu art. 3º, a proibição de distribuição de parcela dos lucros e resultados, quando constatado o recebimento de transferências do Tesouro Nacional por empresa estatal:

[34] TCU investiga indícios de aportes indevidos do governo em estatais. *Revista Consultor Jurídico*, 29 abr. 2019. Disponível em: https://www.conjur.com.br/dl/relatorio-tcu-repasses-estatais.pdf. e https://www.conjur.com.br/2019-abr-29/tcu-investiga-indicios-aportes-indevidos-governo-estatais. Acesso em: 23 mar. 2020.

[35] Trisotto, Fernanda. Estatais usaram socorro do governo em despesas de rotina. E algumas até pagaram PLR. *Gazeta do Povo*, 12 mai. 2019. Disponível em: https://www.gazetadopovo.com.br/republica/estatais-socorro-governo-distribuem-plr. Acesso em: 23 mar. 2020.

> Art. 3º Fica a empresa estatal impedida de distribuir aos seus empregados qualquer parcela dos lucros ou resultados apurados nas demonstrações contábeis e financeiras, que servirem de suporte para o cálculo, se:
>
> I — houver registro de recebimento, a título de pagamento de despesas correntes ou de capital, de quaisquer transferências, diretas ou indiretas, de recursos do Tesouro Nacional;
>
> [...]

Um dos objetivos da investigação do TCU será apurar a regularidade ou não da utilização desses recursos e dos pagamentos de PLR, bem como as necessárias medidas para o encaminhamento de responsabilização dos agentes públicos eventualmente envolvidos, se for o caso.

Atualmente, no âmbito federal, o Decreto nº 9.745/2019, em seu artigo 98, inciso VI, determina que compete à Secretaria de Coordenação e Governança das Empresas Estatais manifestar-se sobre as propostas, encaminhadas pelos Ministérios setoriais, a respeito de assuntos relativos à participação dos empregados nos lucros ou resultados das empresas.

6. ASPECTOS LEGAIS E REQUISITOS FORMAIS DE VALIDADE ANALISADOS PELA FISCALIZAÇÃO TRIBUTÁRIA NO ACORDO DE PLR

Conforme explanado anteriormente, a Lei nº 10.101/2000 traz alguns requisitos que devem ser observados na formulação do plano de PLR. Nesse sentido, com o intuito de buscar com maior profundidade os principais pontos de relevância e atenção no momento de assinar tal programa, é imprescindível compreender a forma com que a Receita Federal do Brasil – RFB interpreta esses requisitos na prática de sua atividade fiscalizatória.

Ato contínuo, também se mostra importante verificar algumas das decisões já proferidas sobre o tema pelo CARF, que é o órgão responsável por julgar recursos administrativos relativos aos litígios em matéria tributária e aduaneira, formado por representantes indicados do Estado (Fazenda) e da sociedade (Confederações Econômicas de nível nacional).

A respeito da relevância institucional do CARF, sua estrutura e competências, James Marins leciona que[36]:

> "Em resumo, no âmbito dos tributos administrados pela Receita Federal do Brasil, os recursos são julgados por órgãos administrativos de função exclusivamente julgadora anteriormente denominados de Conselhos de Contribuintes e que foram substituídos pelo CARF — Conselho Administrativo de Recursos Fiscais. São compostos paritariamente, isto é,

[36] MARINS, James. *Direito processual tributário brasileiro: administrativo e judicial,* 12. ed. rev. atual., São Paulo: Thomson Reuters Brasil, 2019, pp. 292 e 293.

> cada um dos colegiados de julgamento é formado em igual número por especialistas em assuntos tributários, divididos entre representantes da Fazenda Nacional (Auditores-Fiscais) e representantes dos contribuintes (indicados por entidades de classe de nível nacional representativas do setor produtivo e também dos trabalhadores).
>
> Compete ao Carf — na qualidade de órgão julgador de segunda instância — o conhecimento do recurso voluntário e da remessa *ex officio*, observada a divisão *ratione materiae* constante do Regimento Interno do Conselho Administrativo de Recursos Fiscais — RICarf, que é aprovado por portaria do Ministro de Estado da Fazenda. Também compete ao Carf o julgamento do recurso especial, através de sua Câmara Superior de Recursos Fiscais.
>
> Assim, tem o Carf competência para apreciar os seguintes recursos relativos a decisões de primeira instância:
>
> a) recurso de ofício, que é a remessa obrigatória que as Delegacias de Julgamento devem promover de todas as decisões contrárias à Fazenda Pública para que sejam reapreciadas pelo Carf; e
>
> b) recurso voluntário, que é o meio processual utilizado pelo contribuinte para submeter à revisão do Carf as decisões das Delegacias de Julgamento que lhes foram contrárias".

Nesse sentido, nos tópicos a seguir, serão analisadas, de forma eminentemente prática, várias situações concretas de julgamentos realizados pelo CARF e os entendimentos exarados em tais casos, visando demonstrar a profundidade que envolve cada um dos temas abordados. O intuito é que os principais requisitos avaliados pela fiscalização sejam devidamente esclarecidos em sua amplitude e complexidade.

6.1 Negociação. Comissão paritária. Participação sindical. Instrumento jurídico para formalização do acordo de PLR. Arquivamento. Base territorial do sindicato.

A Lei nº 10.101/2000 prevê que a participação nos lucros ou resultados será objeto de *negociação* entre a empresa e seus empregados. Portanto, resta claro que eventuais pagamentos unilaterais efetuados pela empresa a esse título, sem a comprovação de negociação prévia, estarão sujeitos às incidências de natureza trabalhista e contribuições previdenciárias.

A negociação poderá ser feita por meio de uma comissão paritária escolhida pelas partes (empregador e empregados), da qual participe, também, um representante indicado pelo sindicato da respectiva categoria. Outra possibilidade é a negociação direta com a entidade sindical, com a formalização de convenção ou acordo coletivo. Ou seja, em qualquer das hipóteses legais, a participação do sindicato é requerida.

Nos termos do artigo 611 da CLT, a convenção coletiva é o instrumento de caráter normativo pelo qual dois ou mais Sindicatos representativos de categorias econômicas e profissionais negociam entre si as regras aplicáveis às relações de trabalho. O Acordo coletivo, por sua vez, é a norma celebrada entre o sindicato da categoria profissional com uma ou mais empresas.

O legislador prevê a obrigatoriedade de que o instrumento jurídico celebrado pela comissão paritária ou pelo acordo/convenção coletiva seja arquivado na entidade sindical dos trabalhadores.

Vale destacar que a RFB se mostra muito atenta à efetiva **participação sindical** nas negociações, conforme se constata no trecho a seguir, extraído da Nota Cosit nº 426, de 2 de dezembro de 2011:

> [...]
>
> 45. [...] conforme o inciso VI do art. 8º da CF/88 não se cuida de mera participação do sindicato — convite ou presença — mas participação efetiva deste nas negociações, melhor expressa pelo reconhecimento ou aprovação dos termos da negociação. Há razões relevantes para tanto, uma vez que a relação de subordinação dos empregados com o empregador constitui uma situação de desvantagem para aqueles na negociação.
>
> 46. Sem a participação efetiva do sindicato, a empresa teria, em tese, mais facilidade para instituir a PLR sob condições de trabalho danosas aos empregados ou, ainda, apenas para substituir um possível reajuste salarial, tão somente com a finalidade de afastar a natureza remuneratória da parcela e, consequentemente, os reflexos nos direitos trabalhistas e a incidência de contribuição previdenciária. Dizendo de outra forma, a falta de participação efetiva do sindicato constitui uma condição mais favorável para a empresa burlar a lei que disciplina a PLR.

Não obstante esse entendimento, é necessário verificar a interpretação do CARF a esse respeito. Na prática, há situações em que as empresas enfrentam sérias dificuldades de estabelecer uma negociação coletiva direta com o sindicato (ou com o representante) para a formalização de um programa de PLR.

Apesar de parecer um tanto contraditório (já que se trata de uma vantagem aos empregados de caráter facultativo), há casos em que os sindicatos estabelecem obstáculos para negociar a PLR, de modo a rejeitar com veemência todas as propostas realizadas pelas empresas. O que há por trás de tal comportamento? Depende de cada caso. Existem sindicatos que, por forte ideologia política e independentemente do cenário econômico enfrentado pela empresa, terão extrema resistência em aceitar uma PLR que traga, por exemplo, um valor menor que o acordo anterior ou, ainda, que proponha a discussão de metas que considerem os desafios organizacionais de um determinado ano ou altere significativamente as metas ou indicadores comumente utilizados.

Há, ainda, sindicatos que podem utilizar a PLR como meio de pressão (ou moeda de troca) para obter outras vantagens, tais como: liberação remunerada de dirigentes sindicais; fixação de desconto de contribuição assistencial/negocial no salário dos empregados sobre o acordo celebrado; alterações de escalas e jornadas de trabalho; aumento no percentual de horas extras ou adicional noturno; concessão de plano de saúde e cesta básica; dentre outras questões que fazem parte do universo das relações trabalhistas. A depender da estratégia na atuação sindical, poderá ocorrer certa confusão nas pautas, com significativo aumento da complexidade para o fechamento de uma negociação.

Entretanto, mesmo empresas de grande porte e bem estruturadas podem se deparar com dificuldades para concluir um processo negocial de PLR, tendo que assumir posições arrojadas (ou, até arriscadas) que, nem sempre, irão seguir a legislação em sua literalidade.

Exemplo disso é o que se pode verificar no Acórdão nº 9202-008.355, de 19 de novembro de 2019, da 2ª Turma da Câmara Superior de Recursos Fiscais (CSRF) do CARF, em sede de Recurso Especial do Procurador[37]. Como se percebe, o referido julgado é anterior às alterações

[37] BRASIL. Conselho Administrativo de Recursos Fiscais — CARF, CSRF 2ª Turma. Recurso Especial do Procurador. Processo nº 13609.720204/2012-13. Acórdão nº 9202-008.355, relatora Maria Helena Cotta Cardozo, Data da Sessão: 19/11/2019.

trazidas pela Lei 14.020/2020, que passou a prever que, quando constituída, cabe à comissão paritária dar ciência por escrito ao ente sindical para que indique seu representante no prazo máximo de 10 (dez) dias corridos, sem prejuízo ao funcionamento da comissão, caso não ocorra a referida indicação e participação (art. 2º, §10, da Lei 10.101/2000).

Naquela ocasião, a empresa havia demonstrado a nítida falta de interesse do Sindicato dos Metalúrgicos de certa região em participar da negociação de PLR, pois este, apesar de devidamente convocado, se omitiu.

A Fazenda Nacional, em síntese, alegou que a Lei nº 10.101/2000 exigia a participação de ao menos um representante do Sindicato na Comissão da PLR e que não havia qualquer ressalva que permitisse tal ausência, o que, em sua visão, macularia a natureza dos valores pagos a título de PLR, transformando-os automaticamente em verba salarial. No entanto, a própria Fazenda relata que o sindicato em questão, formalmente, respondeu que não tinha participado "por discordar dos termos firmados dos acordos anteriores".

A Contribuinte, por sua vez, reiterou que a inércia do sindicato não teria o condão de afastar a isenção da tributação previdenciária da PLR, especialmente porque houve a efetiva negociação com a Comissão Paritária, não obstante a ausência propositada e intencional do representante sindical.

Teve êxito, porém, a tese fazendária. Na argumentação central, apesar de ter reconhecido a "razoabilidade" dos argumentos da empresa, o entendimento foi o de que caberia a ela ter se utilizado da previsão contida no artigo 616 da CLT[38], o qual aduz, em síntese, que a negativa do sindicato em atender à convocação da empresa deveria ter sido comunicada ao órgão responsável do Ministério do Trabalho para fins de

[38] CLT: Art. 616 — Os Sindicatos representativos de categorias econômicas ou profissionais e as empresas, inclusive as que não tenham representação sindical, quando provocados, não podem recusar-se à negociação coletiva.
§ 1º **Verificando-se recusa à negociação coletiva**, cabe aos Sindicatos ou empresas interessadas dar ciência do fato, conforme o caso, ao Departamento Nacional do Trabalho ou aos órgãos regionais do Ministério do Trabalho e Previdência Social, **para convocação compulsória dos Sindicatos ou empresas recalcitrantes.** (grifo nosso).
§ 2º No caso de persistir a recusa à negociação coletiva, pelo desatendimento às convocações feitas pelo Departamento Nacional do Trabalho ou órgãos regionais do Ministério de Trabalho e Previdência Social, ou se malograr a negociação entabolada, é facultada aos Sindicatos ou empresas interessadas a instauração de dissídio coletivo.

convocação obrigatória da entidade sindical. Como a empresa não comprovou tais providências, o Recurso da Fazenda se mostrou vencedor.

Destaque-se, todavia, que não concordamos com essa interpretação. Em nenhum momento a Lei nº 10.101/2000 exigia tamanho empenho por parte da empresa para determinar a participação sindical e, aliás, sequer é obrigatória assinatura de acordo ou convenção coletiva, pois o consenso pode ser obtido por instrumento jurídico assinado por meio da comissão paritária (empregados e empresa), com a mera participação de um representante do sindicato.

Assim, como a PLR se reveste de viés facultativo, socorrer-se do artigo 616 da CLT para fundamentar a decisão revela a fragilidade da tese vencedora e atenta contra a sensatez e razoabilidade.

A finalidade da comissão paritária de PLR não se confunde, em nenhuma hipótese, com as negociações coletivas tradicionais conduzidas pelas empresas e sindicatos. Veja que o artigo 616 está inserido na CLT no seu Título VI, "*Convenções Coletivas de Trabalho*". Ora, se não houver consenso na comissão paritária caberá dissídio coletivo? Nos parece que não, até porque há robusto entendimento de existir relativização do poder normativo da Justiça do Trabalho quanto ao assunto PLR, uma vez que estaria limitada a julgar pelo método de arbitragem de oferta de razões finais, desde que assim pactuado pelas partes.[39]

Além disso, é notório que os sindicatos não se curvam a esse tipo de exigência dos órgãos estatais, pois não existem consequências às entidades sindicais. A imprensa, reiteradamente, elenca notícias de sindicatos de trabalhadores que descumprem liminares do Poder Judiciário que determinam percentual mínimo em serviços públicos essenciais em caso de greves, apesar do preconizado na Lei nº 7.783/1989. As multas determinadas raramente são pagas, e, várias vezes, são revertidas pelas

§ 3º — Havendo convenção, acordo ou sentença normativa em vigor, o dissídio coletivo deverá ser instaurado dentro dos 60 (sessenta) dias anteriores ao respectivo termo final, para que o novo instrumento possa ter vigência no dia imediato a esse termo.

§ 4º — Nenhum processo de dissídio coletivo de natureza econômica será admitido sem antes se esgotarem as medidas relativas à formalização da Convenção ou Acordo correspondente.

[39] JOÃO, Paulo Sergio. *PLR e a atuação limitada da Justiça do Trabalho em dissídio coletivo.* Disponível em: https://www.conjur.com.br/2018-out-05/reflexoes-trabalhistas-plr-atuacao-limitada-justica-trabalho-dissidio-coletivo. Acesso em: 21 abr. 2020.

instâncias superiores sob o argumento do direito constitucional ao exercício de greve.

Esse nível de formalismo, infelizmente, revela que há uma evidente desconexão entre certas decisões do CARF e a realidade enfrentada pelas empresas. O Ministério do Trabalho enfrenta enormes desafios ante a multiplicidade de setores da economia que estão sujeitos à fiscalização trabalhista. Assim, como pode o CARF esperar que o órgão responsável despenda seu tempo convocando compulsoriamente sindicato que faz capricho para negociar PLR? O déficit de Auditores-Fiscais do Trabalho, cujo cargo está há muitos anos sem concurso público, é gigantesco e revela verdadeira crise na atuação desses profissionais.[40]

Feitas essas considerações, no entanto, é importante destacar que, no caso em estudo, a instância inferior do CARF havia decidido a favor da empresa, como se constata no Acórdão nº 2401-003.670, 4ª Câmara / 1ª Turma Ordinária, de 09 de setembro de 2014, cuja ementa se transcreve a seguir[41]:

> ASSUNTO: CONTRIBUIÇÕES SOCIAIS PREVIDENCIÁRIAS Período de apuração: 01/02/2007 a 31/08/2008 PARTICIPAÇÃO NOS LUCROS E RESULTADOS. RECUSA DO SINDICATO EM PARTICIPAR DAS NEGOCIAÇÕES PARA PAGAMENTO DA PLR. COMPROVAÇÃO. EFEITOS. Tendo a Recorrente comprovado que o representante do sindicato se recusou a participar da negociação do plano de participação nos lucros e resultados, a razoabilidade impõe que se reconheça a imunidade sobre os pagamentos efetuados a título de PLR, desde que cumpridos os demais requisitos legais [...].

Ainda, a respeito da utilização do fundamento do artigo 616 da CLT, identificamos outro Acórdão do CARF (nº 2401-004.218, da 4ª Câmara, 1ª Turma Ordinária)[42] — no qual restou consolidado o entendimento

[40] SEM concurso AFT, déficit favorece trabalho escravo no Brasil. **Folha dirigida.** Disponível em: https://folhadirigida.com.br/noticias/concurso/mt/sem-concurso-aft-deficit-favorece-trabalho-escravo-no-brasil. Acesso em: 21 abr. 2020.

[41] BRASIL. Conselho Administrativo de Recursos Fiscais — CARF, 4ª Câmara, 1ª Turma Ordinária. Recurso Voluntário. Processo nº 13609.720204/2012-13. Acórdão nº 2401-003.670, relatora Carolina Wanderley Landim, Data da Sessão: 09/09/2014.

[42] BRASIL. Conselho Administrativo de Recursos Fiscais — CARF, 4ª Câmara, 1ª Turma Ordinária. Recurso Voluntário. Processo nº 16327.001625/2010-26. Acórdão nº 2401-004.218,

que não há respaldo jurídico na legislação vigente para utilização do artigo 616 da CLT na situação em que a negociação estava sob a responsabilidade da comissão paritária. Concordamos com tal posicionamento, pois nos parece que reflete o espírito da lei, bem como o mais coerente com a situação inusitada de não atendimento do sindicato às convocações da empresa. Atualmente, com a redação conferida no ano de 2020 por meio da inserção do parágrafo 10 no artigo 2º da Lei 10.101/2000, nos parece que ao menos a questão do procedimento de indicação da representação sindical na comissão paritária foi resolvida pelo legislador, diminuindo a insegurança jurídica relatada no exemplo acima.

Tratando de outro enfoque, já ocorreram casos em que a Receita Federal exigiu que a empresa fiscalizada demonstrasse *prova de eleição da Comissão* citada, como atas de eleição, atas de reunião, dentre outros. Uma dessas situações foi analisada pelo CARF no Acórdão nº 2202-005.994, da 2ª Seção de Julgamento da 2ª Câmara, 2ª Turma Ordinária[43], o qual avaliou e transcreveu parte da decisão da 1ª instância administrativa, proveniente do Acórdão nº 1-60.693, da 12ª Turma da Delegacia da Receita Federal do Brasil de Julgamento em Ribeirão Preto/SP (DRJ/RPO), de 17 de maio de 2016. Por ser pertinente, aproveitamos para destacar a ementa da decisão da 1ª instância citada no referido acórdão do CARF:

> TRIBUTÁRIO. PREVIDENCIÁRIO. PARTICIPAÇÃO NOS LUCROS E RESULTADOS. DEMONSTRAÇÃO DA ELEIÇÃO DA COMISSÃO

relator André Luis Marsico Lombardi, Data da Sessão: 08/03/2016. Destaque a seguir: "Vale dizer, no acordo de PLR, o sindicato pode figurar como parte do acordo ou convenção coletiva (art. 8º, VI, da CF); ou indicando um representante para integrar a comissão paritária (art. 8º, III, da CF). Portanto, são situações distintas, mas ambas contempladas pela Lei nº 10.101/2000. **Essa argumentação é válida para se afastar a invocação do art. 616 da CLT**, que alude a procedimento a ser adotado pelo empregador quando da recusa à negociação coletiva para fins de celebração de acordo ou convenção coletiva. Como no caso foi eleita a via de comissão paritária, entendemos que não tem incidência a hipótese prevista no aludido dispositivo. Assim, tendo sido solicitado formalmente ao sindicato que viabilizasse a presença de um representante do sindicato para as reuniões, deve-se considerar cumprido o requisito legal em comento". (destaques e grifos nosso)

43 BRASIL. Conselho Administrativo de Recursos Fiscais — CARF, 2ª Câmara, 2ª Turma Ordinária. Recurso Voluntário. Processo nº 19515.721036/2012-09. Acórdão nº 2202-005.994, relator Leonam Rocha de Medeiros, Data da Sessão: 04/02/2020.

> DE NEGOCIAÇÃO. CARÁTER DEMOCRÁTICO E PARITÁRIO NA ESSÊNCIA DO INSTITUTO.
>
> A exigência de que a comissão de negociação seja objeto de escolha pelas partes impede que se aceite uma comissão definida unilateralmente. Integra a essência do instituto, em sua célula mater de natureza negocial, a bilateralidade na escolha daqueles que, recebendo em seu prol a confiança dos demais empregados, negociará as condições em prol do coletivo.
>
> A exigência implícita do caráter democrático e paritário na comissão de negociação **impõe ao contribuinte que este demonstre, cabalmente, que houve um procedimento preliminar a que todos os empregados escolhessem, dentre seus pares, aqueles que representariam o grupo.** (grifos nossos).

Não obstante os fundamentos acima, nada há na Lei nº 10.101/2000 a respeito de processo eleitoral para os empregados que irão compor a Comissão Paritária da PLR, nem como tal procedimento deve ser conduzido. Por tais razões, acertadamente, essa decisão foi reformada pelo CARF no Acórdão nº 2202-005.994.[44]

Na oportunidade, foi destacado que o representante indicado pelo sindicato na Comissão Paritária assinou o instrumento do acordo da PLR, e, portanto, não havia qualquer evidência de que os empregados abrangidos pela avença teriam se insurgido quanto aos termos pactuados. Além disso, foi enfatizado na ementa que "inexiste exigência para que se comprove a eleição da comissão de negociação do programa de PLR quando o Acordo Próprio está firmado por representantes dos empregados e do empregador, em comissão paritária, observando-se, ainda, o aval sindical".

Em relação à necessidade de **arquivamento do programa da PLR no Sindicato**, prevista expressamente no artigo 2º, parágrafo 2º, da Lei nº 10.101/2000, esse último acórdão também rejeitou a autuação da RFB

[44] BRASIL. Conselho Administrativo de Recursos Fiscais — CARF, 2ª Câmara, 2ª Turma Ordinária. Recurso Voluntário. Processo nº 19515.721036/2012-09. Acórdão nº 2202-005.994, relator Leonam Rocha de Medeiros, Data da Sessão: 04/02/2020.

nesse ponto e esclareceu que o fato de o representante do sindicato ter assinado o documento já supria a eventual formalidade de arquivamento.

Em nossa análise, apesar da literalidade legal, agiu com acerto a Turma Julgadora, pois essa interpretação se mostra perfeitamente razoável, uma vez que é óbvio que a entidade sindical tinha conhecimento dos termos pactuados, por ela subscrito.

Assim, uma mera dificuldade da empresa fiscalizada na comprovação de simples protocolo de arquivo do plano de PLR no sindicato jamais poderia resultar em uma autuação com a gravíssima consequência de os valores de PLR pagos aos empregados serem caracterizados como salários, de modo a resultar na obrigatoriedade do recolhimento das contribuições previdenciárias sobre o montante pago.

Outra questão interessante que pudemos vislumbrar em um caso concreto foi a de que a autoridade fiscal identificou que os integrantes da Comissão Paritária, representantes dos empregados, ocupavam cargos do Plano Executivo (cargo de confiança) na empresa fiscalizada. Como a contribuinte não conseguiu comprovar que tais membros haviam sido livremente escolhidos pelos empregados, a 2ª Seção de Julgamento da 2ª Câmara, 2ª Turma Ordinária do CARF (Acórdão nº 2202-006.086)[45] entendeu como inválida a referida Comissão, por desvirtuar-se da finalidade legal. Portanto, apesar de a legislação não prever a necessidade de eleição formal para os membros da Comissão, a empresa deve usar tal prerrogativa com cautela.

Nesse sentido, fica aqui a ressalva. Dois pontos de absoluta simplicidade prática, como a escolha da Comissão Eleitoral e a comprovação do

[45] BRASIL. Conselho Administrativo de Recursos Fiscais — CARF, 2ª Câmara, 2ª Turma Ordinária. Recurso Voluntário. Processo nº 16327.720899/2018-75. Acórdão nº 2202-006.086, relator Leonam Rocha de Medeiros, Data da Sessão: 04/03/2020. [...] ACORDO PRÓPRIO. PAGAMENTO DE PLR OU DE PPR AOS EMPREGADOS. COMISSÃO PARITÁRIA. EXERCENTES DE CARGOS DE CONFIANÇA. INDICAÇÃO INEQUÍVOCA DOS EMPREGADOS. Inexistindo demonstração inequívoca de que a indicação de funcionário que exerce função de confiança na empresa para compor a comissão de que trata o inciso I, do art. 2º, da Lei 10.101/2000 partiu de indicação dos próprios empregados, resta afastada a presunção de isenção de que devem se revestir os membros da referida comissão para que ela possa ser entendida como paritária e, nestes termos, cumprir ao que determina a norma legal e legitimar sua participação na elaboração do Acordo para participação dos empregados nos lucros e/ou resultados da empresa. [...]

arquivamento do instrumento de acordo celebrado no sindicato se tornaram temas que deram amparo para a fiscalização colocar em dúvida toda a legalidade do programa de PLR. Revela-se evidente a necessidade de especial zelo e cuidado mesmo em pequenos detalhes ao conduzir e tratar do assunto nas empresas, de forma a evitar riscos desnecessários perante o Fisco.

Por último neste tópico e não menos importante, o tema da **territorialidade do sindicato** também é objeto de apreciação rigorosa pela fiscalização. Há que se ter muita cautela ao decidir estender os efeitos de eventual negociação de PLR conduzida apenas com o sindicato dos empregados com abrangência limitada à base territorial da empresa matriz para as filiais alocadas em regiões diversas.

Apesar de algumas decisões favoráveis, percebemos que a tendência do CARF é de rejeitar os instrumentos de formalização de acordo de PLR nos quais não seja constatada, de forma inequívoca, a participação do sindicato que efetivamente represente os trabalhadores da região fiscalizada/abrangida.

Veja o rigor sobre o tema em duas ementas da CSRF do CARF:

> PARTICIPAÇÃO NOS LUCROS OU RESULTADOS. PLR. EXCLUSÃO DO SALÁRIO DE CONTRIBUIÇÃO. REQUISITOS DA LEI 8212/91. ACORDO FIRMADO COM SINDICATO DA BASE TERRITORIAL DA MATRIZ. EXTENSÃO AOS FUNCIONÁRIOS LOTADOS EM FILIAIS DE OUTRAS REGIÕES. IMPOSSIBILIDADE. Para efeitos de exclusão da base de cálculo de contribuição previdenciária **é inaplicável a extensão de acordo para pagamento de PLR à empregados sem a anuência do sindicato da base territorial destes**, em respeito aos princípios da unicidade sindical e ao da territorialidade. Descumpridos os requisitos da lei 8212/91 quanto à participação do sindicato, não é cabível a exclusão do valor pago a título de participação nos lucros ou resultados do salário de contribuição para efeitos previdenciários. (grifos nossos)[46]

[46] BRASIL. Conselho Administrativo de Recursos Fiscais — CARF, CSRF 2ª Turma. Recurso Especial do Contribuinte. Processo nº 19515.005660/2008-71. Acórdão nº 9202-007.471, relatora designada Elaine Cristina Monteiro e Silva Vieira, Data da Sessão: 29/01/2019.

> ACORDO DE PLR HOMOLOGADO POR UM SINDICATO EXTENSIVO ÀS DEMAIS LOCALIDADES DA EMPREGADORA ABRANGIDA POR OUTROS SINDICATOS. INADMISSIBILIDADE. Em respeito aos princípios da unicidade sindical, em sua territorialidade, e da interpretação restritiva da legislação que leva à exclusão da tributação, **não é aceitável um sindicato reger o acordo de PLR dos trabalhadores da mesma empresa em locais que são territorialmente abrangidos por outro sindicato.** (grifos nossos)[47]

A questão é que a própria Constituição Federal[48] privilegia o princípio da unicidade sindical, ou seja, uma certa região não pode ter mais de um sindicato representativo naquela mesma base territorial e, portanto, a legitimidade de representar os trabalhadores é restrita àqueles limites.

Assim, não obstante seja assegurado ao contribuinte o direito ao contraditório e ampla defesa, entendemos que esse é um item de especial atenção, pois a Fazenda terá relevantes argumentos a seu favor, inclusive em eventual ação judicial, para discutir com melhor profundidade esse aspecto.

6.2 Momento da assinatura do acordo de PLR (regras previamente estabelecidas)

Historicamente, questão altamente controvertida no que tange aos aspectos de legalidade de um programa de Participação nos Lucros ou Resultados — PLR dizia respeito à qual seria o instante correto de assinatura do instrumento jurídico que formaliza tal acordo.

Para a alta direção de uma empresa ou até mesmo para a equipe técnica por ela designada para conduzir as negociações de PLR, a data da assinatura poderia parecer um detalhe de menor relevância. Afinal, o foco deles, comumente, estaria na conclusão de um acordo viável, que

[47] BRASIL. Conselho Administrativo de Recursos Fiscais — CARF, CSRF 2ª Turma. Recurso Especial do Procurador e do Contribuinte. Processo nº 10805.723248/2013-63. Acórdão nº 9202-005.979, relator Luiz Eduardo de Oliveira Santos, Data da Sessão: 26/09/2017.

[48] Constituição Federal de 1988: "Art. 8º É livre a associação profissional ou sindical, observado o seguinte: [...] II — é vedada a criação de mais de uma organização sindical, em qualquer grau, representativa de categoria profissional ou econômica, na mesma base territorial, que será definida pelos trabalhadores ou empregadores interessados, não podendo ser inferior à área de um Município; [...]"

atendesse aos interesses da empresa e dos empregados, evitando insatisfações e até mesmo paralisações ou outros movimentos paredistas, como a greve.

Ocorre que a expectativa da RFB, ao fiscalizar um programa de PLR, era a de constatar que ele estivesse assinado antes do início da produção de seus efeitos. Imagine que as partes tivessem assinado o acordo de PLR relativo ao ano de 2019, contemplando todo o seu regramento de pagamento, metas, indicadores e outros detalhes que lhes sejam pertinentes, cuja aferição abrangesse o período de janeiro a dezembro do referido ano. O Fisco, com base nas provas identificadas durante a fiscalização, poderia sustentar que tal plano de PLR deveria ter sido assinado até o final de 2018 , de forma que o período de apuração se iniciasse já com regras claras a todos os empregados, sob alegação de que estes não fossem surpreendidos no meio do caminho e que, portanto, pudessem se dedicar a realizar as atribuições ao seu alcance para o cumprimento do que estava previamente acordado.

Num primeiro contato com o tema, esse contexto (de que as regras devem ser formais e previamente estabelecidas) pode parecer um tanto óbvio. A prática, contudo, revela a sua complexidade. É que, ante a dificuldade de se chegar a um consenso, não raro as negociações se estendem e acabam entrando no período em que as metas já estão (ou deveriam estar) em curso.

Os sindicatos, costumeiramente, não se preocupam com isso, pois o importante em sua visão será concluir o acordo mais favorável possível aos trabalhadores abrangidos. Eventual risco tributário, portanto, é integralmente suportado pela empresa, com risco zero para as entidades sindicais, uma vez que, se necessário, irão sustentar que a "intransigência" empresarial inviabilizou o encerramento célere e prévio das negociações.

A RFB, por meio da Nota COSIT nº 426, de 2 de dezembro de 2011, reconheceu a dificuldade em fiscalizar essa questão, ante as diversidades de provas identificadas em cada caso concreto. O Fisco destaca que:

> [...] 52. Sabe-se que não é raro as negociações se arrastarem por um longo período em razão de pendências em determinados pontos da pauta de reivindicação apresentada pelos trabalhadores (sindicato), estando os demais já bem delineados e acordados.

> 53. E, que, em geral, as diversas fases das negociações ocorrem em reuniões cujo teor é registrado em atas assinadas pelas partes. Assim, quando da análise de um caso concreto, estas atas, a exemplo de outros documentos, podem comprovar a instituição de fato da PLR e estabelecimento de metas em data anterior ao início da execução de determinado acordo, **a despeito de sua assinatura em data posterior.** (...) (grifos nossos)

Em agosto de 2019, a Portaria CARF n° 29, convocou o Pleno e as Turmas da Câmara Superior de Recursos Fiscais (CSRF) para a análise e votação de diversas propostas de enunciados de súmula.

Dentre elas, estava a de nº 35, relativa especificamente ao tema PLR, a qual estabelecia que as regras do programa deveriam ser assinadas antes do início do período de apuração.[49]

Relatou a imprensa[50] que a seccional da Ordem dos Advogados do Brasil — OAB do Distrito Federal, antes da votação, enviou ofício ao CARF questionando várias propostas de súmulas, dentre as quais a de PLR, sob o argumento de que vários dos temas que seriam tratados não eram pacíficos e que, para alguns deles, sequer havia previsão legal. Na votação, a proposta de súmula nº 35 foi rejeitada, por ser tema ainda polêmico entre os próprios julgadores.

Posteriormente, o Poder Executivo tentou solucionar a questão da data de assinatura do instrumento jurídico que formalizava o plano de PLR.

O referido ensaio se deu por meio da Medida Provisória nº 905, de 11 de novembro de 2019, que, dentre outros inúmeros assuntos, alterou o art. 2º da Lei nº 10.101/2000.[51]

[49] CARF: 35ª PROPOSTA DE ENUNCIADO DE SÚMULA
As regras para percepção da Participação nos Lucros e Resultados — PLR, de que trata a Lei nº 10.101/2000, devem ser estabelecidas em acordo assinado anteriormente ao início do período de apuração. Acórdãos Precedentes: 9202-005.704, 9202-006.674, 9202-004.347, 9202-005.211, 9202-004.307, 2401-00.276 e 2401-000.545. Disponível em http://normas.receita.fazenda.gov.br/sijut2consulta/link.action?visao=anotado&idAto=102716. Acesso em: 26 abr. 2020.

[50] Olivon, Beatriz. Contribuintes conseguem barrar no CARF súmulas sobre ágio e PLR. *Valor Econômico*. 04 set. 2019. Disponível em: https://valor.globo.com/legislacao/noticia/2019/09/04/contribuintes-conseguem-barrar-no-carf-sumulas-sobre-agio-e-plr.ghtml. Acesso em: 26 abr. 2020.

[51] MP 905/2020 **(REVOGADA)** [...] Art. 2º
[...]

Contudo, tal MP acabou sendo revogada pelo presidente da República, no último dia de vigência, ao perceber que o Senado Federal, por diversas questões, não estaria disposto a votá-la. Umas das principais críticas era a de que o Governo alegou que o objetivo da MP nº 905/2020 seria combater o desemprego, mas, na verdade, teria embutido uma espécie de "minirreforma trabalhista" no teor de tal documento, inviabilizando um maior debate sobre tantos assuntos.[52]

Quando o assunto parecia absolutamente desfavorável ao contribuinte, ocorreram várias alterações na Lei nº 10.101/2000 por meio da Lei nº 14.020/2020, pois, como já dissemos, o Congresso Nacional derrubou o veto presidencial nos trechos que tratavam da PLR.

As regras introduzidas a respeito dos prazos de antecedência necessária para a assinatura dos instrumentos de PLR repetiram o exato texto que tinha constado inicialmente na MP nº 905/2019 (revogada, como explicado acima).

Nesse sentido, a atual redação vigente da Lei nº 10.101/2000 contém o seguinte regramento:

> Art. 2º [...] § 7º Consideram-se previamente estabelecidas as regras fixadas em instrumento assinado: (Incluído pela Lei nº 14.020, de 2020)
>
> I — anteriormente ao pagamento da antecipação, quando prevista; e (Incluído pela Lei nº 14.020, de 2020)
>
> II — com antecedência de, no mínimo, 90 (noventa) dias da data do pagamento da parcela única ou da parcela final, caso haja pagamento de antecipação. (Incluído pela Lei nº 14.020, de 2020)

Não há dúvidas que a introdução desses critérios claros e objetivos por parte do legislador tende a diminuir de forma significativa os litígios decorrentes da interpretação do momento correto ou não da assinatura do instrumento que formaliza o acordo de PLR.

§ 7º Consideram-se previamente estabelecidas as regras fixadas em instrumento assinado:
I — anteriormente ao pagamento da antecipação, quando prevista; e
II — com antecedência de, no mínimo, noventa dias da data do pagamento da parcela única ou da parcela final, caso haja pagamento de antecipação.

[52] SENADO FEDERAL. Disponível em: https://www12.senado.leg.br/noticias/materias/2020/04/17/a-pedido-de-lideres-mp-do-contrato-verde-e-amarelo-nao-e-votada. Acesso em: 01 mai. 2020.

Com melhor segurança jurídica no que se refere ao prazo de assinatura, tanto a atuação das empresas e dos empregados na formalização se dará de forma mais transparente, como também a atuação do fisco ocorrerá por meio de uma análise objetiva.

Com as alterações legais acima elencadas, as regras do instrumento jurídico passam a ser consideradas previamente fixadas desde que tenham sido assinadas anteriormente ao pagamento da antecipação da PLR (quando prevista). Além disso, a legislação determina que é necessário observar que a assinatura deverá ocorrer com antecedência mínima de 90 (noventa) dias da parcela única ou da parcela final, caso haja antecipação.

De todo modo, para se chegar a essas inovações legislativas, inúmeras controvérsias ocorreram na fiscalização e nos julgamentos do CARF a respeito desse assunto. Por tal razão e considerando que essas novas regras não irão abranger autuações fiscais que tenham ocorrido antes do seu advento, entendemos oportuno abordar o contexto histórico do tema.

Nessa esteira, aproveitamos para trazer situações concretas com o objetivo de permitir melhor compreensão do contexto desse assunto e da extrema importância das novas regras trazidas pelo legislador.

Historicamente, um dos pontos de significativa controvérsia nos julgamentos administrativos do CARF é o disposto no artigo 2º, parágrafo 1º, II, da lei em questão, a saber:

> Art 1º. [...]
>
> [...]
>
> § 1º Dos instrumentos decorrentes da negociação deverão constar regras claras e objetivas quanto à fixação dos direitos substantivos da participação e das regras adjetivas, inclusive mecanismos de aferição das informações pertinentes ao cumprimento do acordado, periodicidade da distribuição, período de vigência e prazos para revisão do acordo, podendo ser considerados, entre outros, os seguintes critérios e condições:
>
> [...]
>
> II – programas de metas, resultados e prazos, **pactuados previamente**. (destaques nossos).

Ao analisarmos duas decisões favoráveis ao contribuinte, identificamos que a estrita interpretação da legislação vigente à época foi decisiva.

No Acórdão 9202-003.192, da 2ª Turma da CSRF, de 06 de maio de 2014, foi enfatizada a questão de que a Lei nº 10.101/2000 não previa uma data limite entre a assinatura do instrumento negocial de PLR e a data de pagamento e, portanto, não caberia ao intérprete criar uma nova condição.[53]

Além disso, abordou-se que a legislação citada exige a participação sindical direta (por meio dos acordos e convenções), ou a assistencial e de apoio, por meio da Comissão Paritária. Por esse motivo, entendeu que, se houve a conclusão de tal negociação (ainda que assinada durante o período de aferição das metas) antes do pagamento, os empregados teriam sido devidamente representados (e protegidos), sendo atendida a finalidade legal também nesse ponto. Um aspecto relevante, portanto, foi de que o pagamento ocorreu posteriormente à assinatura do acordo.

No mesmo sentido foi o entendimento da 2ª Câmara, da 1ª Turma Ordinária do CARF, no Acórdão 2201-005.158, de 04 de junho de 2019[54]. Na ocasião, restou consolidado que, se o ajuste foi firmado pelas partes antes do pagamento, sendo possível inferir que os trabalhadores, devidamente representados, tinham conhecimento das metas e resultados esperados pela empresa, há que entender pela plena validade do quanto acordado. Em referência a esse julgado, segue a transcrição de parte da sua ementa:

> ASSUNTO: CONTRIBUIÇÕES SOCIAIS PREVIDENCIÁRIAS (...) PARTICIPAÇÃO NOS LUCROS E RESULTADOS (PLR). AJUSTE PRÉVIO. ASSINATURA DO ACORDO DURANTE O PERÍODO DE APURAÇÃO. POSSIBILIDADE. ANÁLISE DO CASO CONCRETO.
>
> **Não há, na Lei nº 10.101/00, determinação sobre quão prévio deve ser o ajuste de PLR.** Tal regra demanda, necessariamente, a avaliação do caso concreto o ajuste entre as partes deve ser firmado antes do pagamento da primeira parcela da PLR, com a antecedência que demonstre que os trabalhadores tinham ciência dos resultados a serem alcançados

[53] BRASIL. Conselho Administrativo de Recursos Fiscais — CARF, CSRF 2ª Turma. Recurso Especial do Procurador. Processo nº 35366.001448/2005-07. Acórdão nº 9202-003.192, relator Gustavo Lian Haddad, Data da Sessão: 06/05/2014.

[54] BRASIL. Conselho Administrativo de Recursos Fiscais — CARF, 2ª Câmara, 1ª Turma Ordinária. Recurso Voluntário. Processo nº 16327.720775/2016-28. Acórdão nº 2201-005.158, relator Daniel Melo Mendes Bezerra, Data da Sessão: 04/06/2019.

> e que permita que se infira que o ajuste entre as partes foi construído com a devida discussão e busca dos interesses comuns que culminaram no acordo coletivo firmado.[...] (destaques nossos)

Também se enfatizou na referida decisão que não havia previsão na Lei da PLR que o instrumento jurídico teria que, necessariamente, ser assinado no ano anterior. Em uma situação prática, por exemplo, na qual a fiscalização esteja examinando um acordo de PLR assinado antes das regras introduzidas pela Lei nº 14.020/2020, é importante que a empresa consiga demonstrar que as negociações se iniciaram antes, juntando cartas, ofícios, atas e quaisquer documentos que possam evidenciar que apenas a assinatura acabou sendo postergada por algum impasse.

O Tribunal Regional Federal da 3ª Região, em decisão de 2019, também criticou a interpretação restritiva do Fisco de que o acordo da PLR não poderia ser assinado no curso do exercício que está em apuração, por entender que tal autuação não encontrava respaldo em lei. Segue transcrição da parte da ementa da decisão que interessa ao presente estudo[55]:

> [...]PLANO DE PARTICIPAÇÃO NOS LUCROS E RESULTADOS (PLR) — ISENÇÃO DE CONTRIBUIÇÃO PREVIDENCIÁRIA, DESDE QUE OBSERVADOS OS REQUISITOS LEGAIS, NORTEANDO-SE A RUBRICA PELA PREVISIBILIDADE DO ACORDO CELEBRADO (...) ILICITUDE DA COBRANÇA FISCAL AO CENSURAR A ASSINATURA DO ACORDO COLETIVO NO CURSO DO EXERCÍCIO A QUE SE REFERE (CONSIDEROU A NECESSIDADE DE SER ANTES DE SEU INÍCIO) [...] Sobre a assinatura do acordo coletivo no curso do exercício a que se refere, entendeu a Fiscalização pela necessidade de formalização anterior a seu início, porém o art. 2º, § 1º, inciso II, da Lei 10.101/2000, a prever que as metas e objetivos sejam pactuados "previamente", sem estipular antecipação ao ano em exercício. **A única exigência legal é de que o pagamento do PLR ocorra lastreado em prévio acordo, o qual, necessariamente, não precisa ser fixado no ano anterior, portanto incorreta a lavratura de infração sob tal fundamento.** [...](destaques nossos)

[55] BRASIL. Tribunal Regional Federal da 3ª Região. Segunda Turma. Apelação/Reexame Necessário 5001281-12.2017.4.03.6103, Relator Luiz Paulo Cotrim Guimarães. Data da Sessão: 01/10/2019.

Porém, apesar das decisões favoráveis aos contribuintes acima citadas, convém destacar que outros julgamentos do CARF se deram em sentido absolutamente oposto.

É o caso do Acórdão nº 9202-007.662, da 2ª Turma da CSRF, de 26 março de 2019[56]. Na ocasião, sustentou a Relatora que seria imprescindível que o ajuste a que se refere o acordo fosse feito previamente, pois, caso isso não ocorresse , os empregados não saberiam quais metas deveriam cumprir e o quanto deveriam se esforçar, bem como sequer teriam conhecimento sobre qual seria a compensação após tal esforço.

Na análise das provas do processo, ficou constatado que a eleição dos empregados que iriam compor a Comissão Paritária, responsável pela elaboração, fiscalização e acompanhamento das normas do programa da PLR, só ocorreu em junho do próprio ano em que o acordo foi assinado, contemplando as metas do período de janeiro a dezembro do ano em questão.

A fixação de metas retroativas, portanto, foi duramente criticada na decisão da CSRF, sob o argumento de que, naquela condição, os fatores que poderiam influenciar nos lucros ou resultados já estariam consolidados. Não seria possível, em tal cenário, deduzir que a finalidade da participação nos lucros ou resultados teria sido observada, pois os trabalhadores sequer teriam conhecimento de quais metas ou indicadores deveriam buscar para lograr êxito na contrapartida que poderiam receber.

Com base no artigo 2º, parágrafo 1º, inciso II, da Lei 10.101/2000, que diz que os programas de metas, resultados e prazos serão pactuados previamente, o referido acórdão também elencou a importância de se observar o regramento do art. 111 do Código Tributário Nacional — CTN, o qual, em linhas gerais, estabelece que a legislação que traz a exclusão de crédito tributário é interpretada de forma literal-restritiva.

Assim, o que podemos observar nesse caso concreto é que a data da assinatura do programa de PLR, em si, não foi o elemento central. Se a contribuinte tivesse conseguido provar por outros meios (atas de reuniões, por exemplo) que as metas já estavam fixadas em momento prévio oportuno e que a assinatura apenas ocorreu posteriormente por

56 BRASIL. Conselho Administrativo de Recursos Fiscais — CARF, CSRF 2ª Turma. Recurso Especial do Procurador. Processo nº 19515.006157/2008-32. Acórdão nº 9202-007.662, relatora Maria Helena Cotta Cardozo, Data da Sessão: 26/03/2019.

conta de outros critérios ou regras do plano, o entendimento do CARF poderia ter sido outro. O problema principal, em nosso sentir, foi a demora na fixação das regras e metas para a definição da PLR, o que tornou a defesa um tanto fragilizada.

Por oportuno ao estudo, mostra-se relevante analisarmos outra decisão desfavorável ao contribuinte, conforme se constata no Acórdão nº 2201-005.206, de 09/07/2019, da 2ª Seção de Julgamento da 2ª Câmara, 1ª Turma Ordinária do CARF[57], cuja ementa se transcreve a seguir:

> ASSUNTO: CONTRIBUIÇÕES SOCIAIS PREVIDENCIÁRIAS (...) PARTICIPAÇÃO NOS LUCROS OU RESULTADOS. DATA DA ASSINATURA. REQUISITOS LEGAIS. O acordo de PLR firmado entre empresa e empregado não demanda exclusivamente a integração de capital e trabalho, devendo observar que se constitui, também, instrumentos de incentivo à produtividade que **só pode ser concebida se o ajuste é formalizado em data que permita o efetivo empenho dos envolvidos na consecução das metas estabelecidas.** É pertinente o lançamento do tributo previdenciário sobre valores creditados a título de Participação nos Lucros ou Resultados quando evidenciado que houve afronta aos requisitos legais e que, em sua essência, trata-se de pagamento de remuneração pelo serviço prestado. [...] (destaques nossos)

Na referida decisão, a Turma julgadora elencou que, para o atendimento da Lei nº 10.101/2000, não bastaria que o acordo de PLR tivesse sido obtido por meio da negociação prevista na legislação. O aspecto principal seria observar que a essência do referido ajuste estivesse absolutamente conectada ao incentivo à produção, pois esse seria o real interesse público para a vantagem tributária instituída ao pagamento da PLR.

Em outras palavras, a retribuição do lucro, ou do atingimento de determinado resultado, estaria atrelada à mensuração da colaboração do empregado no atingimento das metas previamente estipuladas no programa.

[57] BRASIL. Conselho Administrativo de Recursos Fiscais — CARF, 2ª Câmara, 1ª Turma Ordinária. Recurso Voluntário. Processo nº 16327.721140/2014-86. Acórdão nº 2201-005.206, relator Carlos Alberto do Amaral Azeredo, Data da Sessão: 09/07/2019.

Do mesmo modo, no caso analisado, foi identificado que os acordos foram assinados praticamente no final do período de apuração, e, desse modo, não teriam atendido aos preceitos de integração efetiva de capital e trabalho e do estímulo à produtividade previstos no artigo 1º da Lei nº 10.101/2000, a saber:

> Art. 1º Esta Lei regula a participação dos trabalhadores nos lucros ou resultados da empresa como instrumento de integração entre o capital e o trabalho e como **incentivo à produtividade**, nos termos do art. 7º, inciso XI, da Constituição. (destaques e grifo nossos)

É de se perceber que essas decisões contrárias ao contribuinte também seguem o entendimento formal da RFB já veiculado por meio da Nota Cosit nº 89/2012. Nela, o Fisco destaca que:

> "17. No que se refere ao momento de fixação **das regras**, não há qualquer dúvida de que estas **devem ser estabelecidas antes da data em que os empregados devem iniciar seu cumprimento** e não apenas antes da data do pagamento da PLR. A razão é óbvia, não é possível estabelecer condições para o passado, nem tem qualquer serventia estabelecer regras ou condições para alcançar resultados já conhecidos, uma vez que, práticas desta natureza não atendem aos objetivos da lei. O inciso II do § 1º do art. 2º dispõe expressamente que os programas de metas, resultados e prazos, devem ser pactuados **previamente**, o que afasta qualquer dúvida sobre este ponto da matéria". (destaques no original)

Considerando o exposto neste tópico, fica constatado que a controvérsia de entendimento quanto ao momento de fixação das regras e assinatura do acordo de PLR sempre foi objeto de intensos debates.

Todavia, com as inovações acima destacadas, trazidas no parágrafo 7º, artigo 2º, da Lei 10.101/2000, espera-se que o assunto seja pacificado de forma definitiva, assegurando às partes a devida segurança jurídica no que se refere aos prazos para as necessárias assinaturas e formalização da PLR.

De outra parte, cabe principalmente às empresas permanecerem vigilantes e atentas quanto ao novo regramento, pois, com um prazo maior conferido pelo legislador, pode ocorrer a falsa impressão de que é possível postergar alguns pontos e deixar para realizar o fechamento do acordo e assinatura quando estiver mais próximo do pagamento.

Para evitar surpresas, o ideal é que os negociadores das partes estejam engajados em buscar as soluções com o tempo hábil adequado, firmando um calendário logo no início das negociações, de modo a evitar qualquer risco desnecessário de autuação tributária por conta do detalhe relativo à data de assinatura do instrumento da PLR.

6.3 Regras claras e objetivas. Estipulação de metas e outros critérios em documento apartado

A Lei 10.101/2000 apresenta, de forma exemplificativa, critérios e condições que poderão constar nos instrumentos jurídicos (acordos) de participação nos lucros ou resultados, conforme se constata no parágrafo 1º de seu artigo 2º, a saber:

> Art. 2º.
>
> [...]
>
> §1º Dos instrumentos decorrentes da negociação deverão constar **regras claras e objetivas** quanto à fixação dos direitos substantivos da participação e das regras adjetivas, inclusive **mecanismos de aferição** das informações pertinentes ao cumprimento do acordado, periodicidade da distribuição, período de vigência e prazos para revisão do acordo, podendo ser considerados, entre outros, os seguintes critérios e condições:
>
> I – índices de produtividade, qualidade ou lucratividade da empresa;
>
> II – programas de metas, resultados e prazos, pactuados previamente.

Como se percebe do trecho legal acima exposto, uma das condições impostas pelo legislador é que os instrumentos que formalizam a PLR possuam regras claras e objetivas sobre a fixação dos direitos e mecanismos de aferição.

Por exemplo, pode-se citar a utilização de uma linguagem mais acessível e direta na redação dos textos, de modo a permitir que os empregados compreendam melhor as regras avençadas entre empresa e sindicato ou pela Comissão Paritária. Assim, os trabalhadores teriam facilidade para entender o grau de seu empenho e envolvimento na busca das metas definidas, bem como sobre qual o montante que poderiam auferir com o atingimento do que foi estipulado.

É absolutamente factível pensar que o acordo de PLR, de certo modo, tem o objetivo de estimular a empresa e principalmente os empregados a saírem da zona de conforto e, mutuamente, buscarem melhorias. Se inexistirem quaisquer metas ou objetivos a serem alcançados, obviamente será difícil sustentar que o valor pago pela empresa sob esse título seja proveniente de um genuíno plano de PLR.

O que se veria em tal situação, na verdade, seria uma espécie de "14º salário" disfarçado de participação nos lucros ou resultados, com a benesse da isenção das contribuições previdenciárias para a empresa e da tributação de imposto de renda mais favorável para os trabalhadores, pessoas físicas destinatárias.

Em outras palavras, é razoável pressupor que o legislador envidou esforços para impedir que o contribuinte se utilizasse de subterfúgios para, de modo simulado, se aproveitar da natureza não tributável da participação nos lucros ou resultados para distribuir valores a seus empregados sem a necessidade de observar ou cumprir qualquer regramento.[58]

A CSRF do CARF, por meio do Acórdão nº 9292-005.705, da 2ª turma, de 29 de agosto de 2017[59], já decidiu que as metas devem estar relacionadas aos objetivos de incentivo à produtividade, melhora de lucros ou resultados da empresa. Nesse sentido, restou mantida em julgamento uma autuação da RFB que entendeu que os critérios definidos pela empresa não estavam alinhados aos objetivos citados, conforme ementa a seguir:

> [...] PARTICIPAÇÃO NOS LUCROS OU RESULTADOS REQUISITOS DA LEI Nº 10.101/2000. REGRAS CLARAS E OBJETIVAS PARA FIXAÇÃO DO DIREITO À PERCEPÇÃO.

[58] MURAYAMA, Janssen; LISBOA, Caius Henriques; DAHER, Igor. *O Plano de PLR à luz dos precedentes do CARF: dicas para evitar autuações.* Rio de Janeiro: Lumen Juris, 2016, p. 17.

[59] BRASIL. Conselho Administrativo de Recursos Fiscais — CARF, CSRF 2ª Turma. Recurso Especial do Contribuinte. Processo nº 15504.725354/2011-28. Acórdão nº 9292-005.705, relatora Ana Paula Fernandes, Data da Sessão: 29/08/2017.

> Os instrumentos decorrentes de negociação deverão conter regras claras e objetivas quanto à fixação dos direitos substantivos de participação nos lucros ou resultados, com base no atingimento de metas ou referidos resultados. Adicionalmente, para caracterização de regras claras, **é necessária a existência de mecanismos de aferição do resultado do esforço, o que não se observou no caso sob análise** [...] (destaques nossos)

Na ocasião, a Contribuinte definiu em seu acordo de PLR que, para ter direito ao recebimento dos valores, o empregado teria que observar todos os critérios a seguir: trabalhar por, no mínimo, quatro meses consecutivos no ano; realizar os exames médicos periódicos exigidos na legislação; efetuar a substituição programada do Protetor Auricular; não receber advertência escrita, suspensão ou dispensa em razão do não uso dos equipamentos de proteção individuais fornecidos pela empresa.

Ocorre que, ainda, no decorrer da fiscalização, a empresa também mostrou dificuldade para comprovar o modo de aferição dessas triviais regras e evidências de que as havia acompanhado por meio de indicadores, com a exclusão, por exemplo, daqueles empregados que não atenderam aos requisitos pactuados. Desse modo, não conseguiu reverter a autuação imposta.

A legislação não estabeleceu, de forma rígida, o que deve constar a respeito de regras, metas, resultados, indicadores e outros detalhes de um programa de PLR. Ao contrário, foi conferida boa margem de discricionariedade para a negociação das partes, de forma que a empresa e empregados (e seus representantes) possam, entre si, definir o que melhor atenda aos seus anseios.

Mas é claro que, apesar da liberdade conferida pelo legislador, não se recomenda que as partes estabeleçam indicadores e metas que, na verdade, se revelem meros deveres contratuais básicos de qualquer empregado, como, por exemplo, manter a assiduidade e usar os equipamentos de proteção individual. Aliás, a desídia gerada por faltas injustificadas ao trabalho e a indisciplina por não seguir normas de segurança e saúde do trabalho podem resultar em sanções disciplinares e até mesmo em desligamento por justa causa, conforme artigo 482 da CLT.

Portanto, metas triviais devem ser evitadas, uma vez que as atividades cotidianas, regulares e comuns do contrato de trabalho já são remuneradas mediante o salário pago. A nosso ver, não é disso que trata a PLR.

A RFB, na Nota Cosit nº 89/2012, acertadamente, destaca que as regras devem estar direcionadas aos interesses das partes (empregados representados por seus sindicatos e empresas), e não aos do Fisco. Ressalta que compete aos trabalhadores tomarem as medidas pertinentes em caso de constatação de irregularidades relativas às regras definidas e a sua verificação.

Entretanto, também alerta o órgão fiscalizador que tal premissa não se traduz na banalização do instituto, ou seja, sustenta que não se permite a utilização de regras que se revelem inócuas, que não tenham qualquer relação com a melhoria de indicadores da empresa e que estejam em descompasso com o objetivo legal de incentivo à produtividade. Por fim, destaca na referida Nota que, na análise de situações concretas, se for identificada a utilização de "uma regra qualquer", tal situação poderá ensejar o lançamento das contribuições previdenciárias.

Entendemos que a publicação periódica, por parte da empresa, dos itens principais do programa de PLR aos seus empregados, tais como os objetivos, regras, metas, indicadores e o desempenho periódico do atingimento daquilo que foi estabelecido tende a ser uma prática que fortalece a própria lógica em si da PLR. Além disso, em eventual processo fiscalizatório, tais publicações podem ser utilizadas pela empresa como evidências, de forma documental ou eletrônica, de modo a demonstrar que periodicamente informava aos seus trabalhadores o andamento das metas e outras questões, visando estimular que os resultados fossem alcançados. Não se trata de uma sistemática prevista em lei, mas nos parece que essa transparência é bastante adequada.

Não há dúvidas, assim, que a existência de regras claras e objetivas no acordo de PLR é necessariamente um dos requisitos formais para a constituição desse ato, revelando-se em verdadeira "viga mestra" do instrumento negocial no que se refere à fixação dos direitos substantivos e regras adjetivas.[60]

Há um outro relevante aspecto para se considerar, que é a estipulação de metas fora do instrumento jurídico que formaliza o acordo da PLR, pois a fiscalização tem criado óbice para essa conduta. No Acórdão nº 2201-005.160, da 2ª Seção de Julgamento, da/ 2ª Câmara, 1ª Turma

[60] BALERA, Wagner; SIMÕES, Thiago Taborda. *Participação nos Lucros e nos Resultados: natureza jurídica e incidência previdenciária*. São Paulo: Thomson Reuters, 2014, pp. 143 e 144.

Ordinária, de 05 de junho de 2019[61], o CARF decidiu que viola o disposto na Lei nº 10.101/2000 a ausência de definição prévia de regras claras e objetivas dos critérios de avaliação nos acordos, bem como "*a divulgação de metas em meios internos de comunicação, fora dos instrumentos de negociação e sem a participação de representante sindical*".

Veja que, novamente, a questão sindical é utilizada para manter a autuação, uma vez que a definição das metas, na visão dos julgadores, não poderia ter sido feita de forma unilateral pela empresa. Em tal situação, supõe que o empregado estaria sujeito à eventuais arbitrariedades da gestão empresarial, uma vez que inexistente o prévio debate e definição das metas com a participação do representante do Sindicato.

No entanto, tal interpretação não é pacífica no CARF, pois também há entendimento de que o simples fato de existirem outras metas (individualizadas e por setores, v.g.) não tem o condão de descaracterizar o programa de PLR. Nesse sentido, já decidiu a CSRF, no Acórdão nº 9202-007.012, da 2ª Turma, de 20de junho de 2018[62]:

> Assunto: Contribuições Sociais Previdenciárias. Período de apuração: 01/01/2005 a 28/02/2006. PARTICIPAÇÃO NOS LUCROS OU RESULTADOS. PAGAMENTO EM CONFORMIDADE COM A LEI Nº 10.101/2000.
>
> O método de pagamento da Participação nos Lucros ou Resultados está de acordo com a Lei nº 10.101/2000, pois a lei pretende privilegiar a livre negociação entre as partes na fixação das regras atinentes ao pagamento da PLR, e que as regras acordadas sejam claras e objetivas, **podendo inclusive estarem escritas em documento apartado, desde que haja menção ao mesmo no acordo ou convenção coletiva.** Na hipótese dos autos a negociação das metas claras e objetivas por meio de documento apartado por sí só não inviabiliza a condução da isenção. (destaques nossos)

[61] BRASIL. Conselho Administrativo de Recursos Fiscais — CARF, 2ª Câmara, 1ª Turma Ordinária. Recurso Voluntário. Processo nº 16327.720986/2017-41. Acórdão nº 2201-005.160, relatora Debora Fofano dos Santos, Data da Sessão: 05/06/2019.

[62] BRASIL. Conselho Administrativo de Recursos Fiscais — CARF, CSRF 2ª Turma. Recurso Especial do Procurador e do Contribuinte. Processo nº 10510.003833/2009-72. Acórdão nº 9202-007.012, relatora Ana Paula Fernandes, Data da Sessão: 20/06/2018.

O julgamento citado envolveu uma instituição bancária. No ensejo, o CARF constatou que o Acordo Coletivo remetia às partes a um plano de metas específico do Banco em questão, não havendo qualquer impugnação sobre essa premissa durante as negociações entabuladas, o que sinalizou, no mínimo, a concordância tácita dos participantes.

Além disso, destacou não existir, em seu ponto de vista, qualquer impedimento legal que os mecanismos para aferição fossem regulados em documento anexo ao acordo e, ainda, ressaltou que não é competência do Fisco se incumbir da tutela de interesses das partes que negociaram.

Outra decisão no mesmo sentido pode ser constatada no Acórdão 2401004.987, de 08 de agosto de 2017, da 4ª Câmara, 1ª Turma Ordinária, do CARF[63]:

> [...] PARTICIPAÇÃO NOS LUCROS OU RESULTADOS. REGRAS CLARAS E OBJETIVAS NO ACORDO. Por exigência da lei específica, as regras devem ser claras e objetivas para que os critérios e condições do recebimento da participação nos lucros ou resultados possam ser passíveis de aferição, reduzindo a possibilidade de discricionariedade do empregador, mediante avaliações de cunho subjetivo. **A clareza e objetividade destinam-se, precipuamente, à necessidade de compreensão dos termos ajustados pelas partes envolvidas, e não à fiscalização tributária**. Por isso, é inviável, via de regra, que a análise fiscal sobre a inexistência de regras claras e objetivas nos instrumentos de negociação fique restrita ao plano abstrato dos acordos celebrados, devendo aprofundar-se no conhecimento da própria execução dos programas de participação nos lucros ou resultados no âmbito da empresa. **Não há imposição na lei no sentido de que a disciplina integral do programa de participação nos lucros ou resultados deva figurar no próprio corpo do instrumento de negociação coletiva, podendo o detalhamento pormenorizado, desde que mantida a harmonia com as regras gerais, estar estipulado em documentos apartados ou mesmo em outros canais de comunicação, sempre acessíveis ao trabalhador**. (destaques nossos)

[63] BRASIL. Conselho Administrativo de Recursos Fiscais — CARF, 4ª Câmara, 1ª Turma Ordinária. Recurso Voluntário. Processo nº 16327.721021/2014-23. Acórdão nº 2401-004.987, relator Carlos Alexandre Tortato, Data da Sessão: 08/08/2017.

No julgado, a Câmara deixou claro que não compete à fiscalização adentrar na avaliação do mérito das metas estabelecidas pelas partes mediante negociação. Frisou que a interferência na autonomia das partes é medida que deve ser adotada com extrema cautela, de modo excepcional, uma vez que a autoridade fiscal não está inserida no cotidiano da empresa e dos trabalhadores e que, portanto, as regras podem estar claras e objetivas para aqueles que realmente são os seus destinatários.

Nesse último acórdão, pudemos verificar que o CARF entendeu que os agentes de fiscalização não procuraram, durante o procedimento investigatório, buscar as evidências que a empresa tinha em relação ao controle e aferição das metas.

Destacou a referida decisão que não há na lei determinação expressa de que todo o regramento pormenorizado da PLR conste no acordo celebrado e, desse modo, seria possível a existência de documentos apartados que estivessem em consonância com as normas gerais lá previstas. Ponderou, ainda, que em empresas com maior estrutura é comum que, por meio de suas ferramentas internas de comunicação, inclusive digitais, sejam divulgadas essas informações detalhadas aos trabalhadores. Ficou demonstrado nos autos que a fiscalizada, na impugnação, juntou vários desses comunicados internos, esclarecendo sobre os resultados da PLR, valores que seriam pagos, dentre outras questões.

Por oportuno, é imprescindível destacar a inclusão do parágrafo 6º no artigo 2º da Lei nº 10.101/2000, ocorrida por meio da Lei nº 14.020/2020, a saber:

> § 6º Na fixação dos direitos substantivos e das regras adjetivas, inclusive no que se refere à fixação dos valores e à utilização exclusiva de metas individuais, **a autonomia da vontade das partes contratantes será respeitada e prevalecerá em face do interesse de terceiros.** (Incluído pela Lei nº 14.020, de 2020) (destaques nossos).

Essa nova diretriz legal tende a trazer maior respaldo jurídico nos instrumentos de PLR, pois cria uma regra geral de que a autonomia da vontade das partes deve prevalecer e ser respeitada no que se refere à fixação dos direitos e regras, bem como na fixação de valores e eventual utilização exclusiva de metas individuais.

No entanto, vemos essa inovação legislativa com certa cautela, pois não nos parece adequado que as partes interpretem essa autonomia como uma regra absoluta e intransponível, uma vez que ela deve ser contextualizada com outras disposições da Lei nº 10.101/2000, que não foram revogadas.

Por exemplo, citamos a disposição do artigo 1º da referida lei, na qual consta expressamente que a participação nos lucros ou resultados da empresa representa um instrumento de integração entre o capital e o trabalho, bem como incentivo à produtividade. Além disso, o parágrafo 1º do artigo 2º do mesmo diploma legal também é claro ao dispor a respeito da necessidade da existência de mecanismos de aferição das informações pertinentes às questões acordadas.

Ou seja, ainda que o legislador tenha reforçado que a autonomia das partes tem alta relevância jurídica e que deve ser respeitada, pensamos que é necessária permanente atenção à observância das demais diretrizes legais que regulamentam a legislação da PLR, evitando a fixação de metas que não guardem conexão com incentivo à produtividade ou atingimento de resultados. Ainda, nos parece adequado evitar o estabelecimento de regras ou metas meramente *pro forma*, somente para manter aparências, quando, na verdade, não existirá qualquer fiscalização ou mensuração efetiva de tais disposições por parte da empresa.

Considerando tais questões, resta concluir que a existência de regras claras e objetivas no instrumento de acordo de PLR é imprescindível para a legalidade do plano, devendo ser plenamente acessíveis aos empregados abrangidos e, ainda, evitar a fixação de metas que fazem parte de meras obrigações contratuais cotidianas, desconectadas do desígnio de incrementar melhoria dos resultados e do lucro da empresa.

No caso de eventual detalhamento em documento apartado, é prudente que conste tal prerrogativa no acordo principal, e que as regras acessórias delineadas estejam em consonância com as demais que foram firmadas, assegurando-se, ainda, total transparência e divulgação para os trabalhadores, uma vez que *"a luz do sol é o melhor desinfetante"*, como dizia o juiz da Suprema Corte norte-americana Louis Brandeis.

6.4 Pagamentos de PLR em duas vezes no ano. Periodicidade inferior a um trimestre. Antecipação de parcela

A periocidade máxima para pagamentos a título de PLR é tema cotidiano nos julgamentos do CARF. O texto inicial da Lei nº 10.101/2000, dispunha que não seria permitido o pagamento de PLR em periodicidade inferior a um semestre civil, ou mais de duas vezes no mesmo ano civil.[64]

Posteriormente, o referido dispositivo foi alterado pela Lei nº 12.832/2013, passando a constar a proibição de se efetuar pagamentos em período inferior a um trimestre civil, mas manteve a quantidade máxima de parcelas anuais em duas, a saber:

> Art. 3º (...) § 2º É vedado o pagamento de qualquer antecipação ou distribuição de valores a título de participação nos lucros ou resultados da empresa em mais de **2 (duas) vezes no mesmo ano civil** e em periodicidade inferior a **1 (um) trimestre civil.** (Redação dada pela Lei nº 12.832, de 2013). (destaques nossos)

Para melhor compreensão do contexto da problemática envolvida, é importante reiterar a disposição na alínea "j", do parágrafo 9º, do artigo 28 da Lei nº 8.212/1991, *in verbis*:

> Art. 28.
>
> [...]
>
> § 9º Não integram o salário-de-contribuição para os fins desta Lei, exclusivamente:
>
> [...]
>
> j) a participação nos lucros ou resultados da empresa, **quando paga ou creditada de acordo com lei específica**;
>
> [...] (destaques nossos).

Por meio da conjugação desses dispositivos, a fiscalização tributária autuava frequentemente as empresas contribuintes que não seguiam rigorosamente os contornos legais sobre a periodicidade no pagamento de participação nos lucros ou resultados.

Um dos entraves em tal cenário é que o Fisco se inclinava a descaracterizar a isenção da contribuição previdenciária de todo o valor pago sob

[64] Conforme: "Art. 3º [...] § 2º É vedado o pagamento de qualquer antecipação ou distribuição de valores a título de participação nos lucros ou resultados da empresa em periodicidade inferior a um semestre civil, ou mais de duas vezes no mesmo ano civil". **(texto revogado).**

a rubrica de PLR, ao passo que o contribuinte alegava a inexistência de irregularidade ou, alternativamente, pleiteava que a referida contribuição incidisse apenas sobre os valores que foram pagos acima do limite das duas parcelas previstas em lei. Ou seja, apenas os valores pagos na terceira ou na quarta parcela, por exemplo, sofreriam as consequências tributárias.

A Medida Provisória nº 905/2019, tentou disciplinar essa hipótese, mas, como dissemos, foi revogada em 20 de abril de 2020.

Entretanto, as mesmas regras previstas na referida Medida Provisória acabaram, em outro momento, sendo inseridas e encontram-se vigentes na Lei nº 10.101/2000, conforme destaques dos parágrafos 8º e 9º, a seguir:

> Art. 2º [...]
>
> § 8º A inobservância à periodicidade estabelecida no § 2º do art. 3º desta Lei invalida exclusivamente os pagamentos feitos em desacordo com a norma, assim entendidos: (Incluído pela Lei nº 14.020, de 2020)
>
> I — os pagamentos excedentes ao segundo, feitos a um mesmo empregado, no mesmo ano civil; e (Incluído pela Lei nº 14.020, de 2020)
>
> II — os pagamentos efetuados a um mesmo empregado, em periodicidade inferior a 1 (um) trimestre civil do pagamento anterior. (Incluído pela Lei nº 14.020, de 2020)
>
> § 9º Na hipótese do inciso II do § 8º deste artigo, mantém-se a validade dos demais pagamentos. (Incluído pela Lei nº 14.020, de 2020)

Para fins históricos e de conhecimento, é interessante destacar que, durante a vigência da MP nº 905/2019, a CSRF do CARF enfrentou um relevante caso em que a situação discutia exatamente a questão de pagamentos de PLR acima de duas parcelas no mesmo ano civil. Trata-se do Acórdão nº 9202-008.338, da 2ª Turma, de 20 de novembro de 2019.[65]

Ao analisarem os fatos, os julgadores divergiram sobre a aplicabilidade das regras da MP nº 905/2019 ao caso concreto, o qual discutia

[65] BRASIL. Conselho Administrativo de Recursos Fiscais — CARF, CSRF 2ª Turma. Recurso Especial do Contribuinte. Processo nº 16327.720779/2014-44. Acórdão nº 9202-008.338, relatora Maria Helena Cotta Cardozo, Data da Sessão: 20/11/2019.

contribuições previdenciárias relativas ao período de apuração de 01 de fevereiro de 2010 a 30 de novembro de 2011.

Parte dos conselheiros sustentou a tese de que a nº 905/2019 não trazia qualquer inovação no ordenamento jurídico, pois, na verdade, ela apenas buscava esclarecer qual deveria ser a interpretação correta das disposições legais já existentes. Desse modo, entendiam que sua aplicação poderia ser imediata, já que inexistia qualquer conflito.

O contribuinte, por seu turno, alegou que o eventual não atendimento ao intervalo previsto na legislação jamais poderia ter o efeito de descaracterizar os pagamentos efetuados, uma vez que houve expressa negociação com as partes envolvidas.

Entretanto, a tese vencedora, por voto de qualidade, foi a dos conselheiros representantes da Fazenda. A relatora, conselheira Maria Helena Cotta Cardozo, ressaltou que a legislação vigente não previa a inclusão, na base de cálculo da contribuição previdenciária, apenas das parcelas excedentes da segunda, pois tal violação acarretava verdadeira desnaturação da verba de PLR.

Ao analisar a pertinência da aplicação ou não das alterações contidas na MP nº 905/2019, em especial o parágrafo 8º, do artigo 2º, da Lei nº 10.101/2000, afirmou a Relatora que não se tratava de regras que traziam efeitos expressamente interpretativos a fatos pretéritos, uma vez que não encontrou indícios para a aplicação da regra prevista no artigo 106 do Código Tributário Nacional.[66]

Ainda, destacou que a referida MP trazia o destaque escrito "Produção de Efeitos" logo após do novo parágrafo 8º, inserido no artigo 2º, o qual direcionava para uma regra que estava prevista no artigo 53 da MP.

O dispositivo em questão alertava que as mudanças trazidas teriam seus efeitos iniciados a partir do momento que fosse atestada, por ato do ministro da Economia, a compatibilidade com as metas de resultados fiscais previstas em anexo da Lei de Diretrizes Orçamentárias e outras disposições legais.

Com tais fundamentos, a Relatora negou a aplicação das regras da MP nº 905/2019, tendo a CSRF julgado pela incidência de contribuição

[66] Conforme: CTN, "Art. 106. A lei aplica-se a ato ou fato pretérito: I — em qualquer caso, quando seja expressamente interpretativa, excluída a aplicação de penalidade à infração dos dispositivos interpretados";[...]

previdenciária sobre todo o montante pago a título de PLR no período de apuração, cujo acórdão foi ementado da seguinte forma[67]:

> ASSUNTO: CONTRIBUIÇÕES SOCIAIS PREVIDENCIÁRIAS. Período de apuração: 01/02/2010 a 30/11/2011. PARTICIPAÇÃO NOS LUCROS E RESULTADOS. PERIODICIDADE MÁXIMA. DESCUMPRIMENTO. NATUREZA REMUNERATÓRIA DE TODAS AS PARCELAS.
>
> O descumprimento do § 2º, do art. 3º, da Lei nº 10.101, de 2000, que veda o pagamento de qualquer antecipação ou distribuição de valores a título de Participação nos Lucros ou Resultados (PLR) em periodicidade inferior a um semestre civil, ou mais de duas vezes no mesmo ano civil, **implica incidência de Contribuições Previdenciárias sobre todos os pagamentos efetuados a esse título e não apenas sobre as parcelas excedentes. Inaplicável a Medida Provisória nº 905, de 2019, a fatos geradores pretéritos.** (destaques nossos)

Não obstante o entendimento acima, há também, quanto ao tema elencado (parcelamento do pagamento de PLR), um histórico de julgamentos favoráveis ao contribuinte no CARF, no STJ e no Tribunal Regional do Trabalho da 2ª Região (São Paulo), conforme se verá a seguir.

No Acórdão nº 9202-003.192, de 06 de maio de 2014, da CSRF do CARF[68], o Conselheiro Gustavo Lian Haddad fez relevantes ponderações a respeito das consequências tributárias em uma situação em que a contribuinte havia efetuado o pagamento da PLR em mais de duas parcelas.

Argumentou o Relator, em síntese, que inexistia na legislação (àquela época) qualquer indicação de que todo o programa de PLR fosse desconsiderado caso as parcelas excedessem a quantidade prevista em lei. Assim, tendo em vista que a PLR é um direito do trabalhador previsto na Constituição Federal, eventual limitação a esse direito deveria ter como parâmetro a razoabilidade e a proporcionalidade, especialmente

[67] BRASIL. Conselho Administrativo de Recursos Fiscais — CARF, CSRF 2ª Turma. Recurso Especial do Contribuinte. Processo nº 16327.720779/2014-44. Acórdão nº 9202-008.338, relatora Maria Helena Cotta Cardozo, Data da Sessão: 20/11/2019.

[68] BRASIL. Conselho Administrativo de Recursos Fiscais — CARF, CSRF 2ª Turma. Recurso Especial do Procurador. Processo nº 35366.001448/2005-07. Acórdão nº 9202-003.192, relator Gustavo Lian Haddad, Data da Sessão: 06/05/2014.

na situação em que a legislação era implícita a respeito do requisito de validade analisado.

Asseverou que, visando preservar o interesse dos trabalhadores e o estímulo à utilização dos programas de PLR, seria mais adequado preservar a validade das parcelas pagas com observância do limite de periodicidade que consta na Lei nº 10.101/2000 e, desse modo, apenas retirar a eficácia das parcelas que não respeitaram tal critério.

Utilizando-se de analogia a dispositivos do Código Civil (artigos 478 e 479), sustentou o citado Relator que tal interpretação seria mais harmônica para privilegiar a conservação dos negócios jurídicos e que, apesar de tal característica ser direcionada ao direito privado, sua aplicação também seria possível ao caso em questão. Tendo por base o princípio da conservação dos negócios jurídicos (ou dos contratos), esclareceu que cabe ao intérprete, na análise de alegação de nulidade de alguma cláusula, empreender o máximo de esforço para preservar o vínculo negocial.

Assim, sendo o acordo de PLR uma manifestação de vontade das partes numa negociação, concluiu o julgador administrativo que a melhor interpretação conduziria à preservação da natureza jurídica das parcelas quitadas com observância aos limites legais, ficando prejudicadas apenas as que não observaram tais limites.

Ao realizar o julgamento de um processo relativo a uma instituição bancária — Resp 496.949/PR[69] — o STJ afastou da incidência tributária os pagamentos efetuados de acordo com a legislação, mantendo a obrigatoriedade daqueles que não seguiram os ditames legais. A seguir, o destaque de parte da ementa:

> TRIBUTÁRIO. PARTICIPAÇÃO NOS LUCROS E RESULTADOS. PERIODICIDADE MÍNIMA DE SEIS MESES. ART. 3º, § 2º, da Lei 10.101/2000 (CONVERSÃO DA MP 860/1995) C/C O ART. 28, § 9º, "j", DA LEI 8.212/1991. REDUÇÃO DA MULTA MORATÓRIA. ART. 27, § 2º, DA LEI 9.711/1998. EXIGÊNCIA DE PAGAMENTO INTEGRAL. ART. 35 DA LEI 8.212/1991. REDAÇÃO DADA PELA LEI 9.528/1997. DISCUSSÃO ACERCA DA CONSTITUCIONALIDADE.
>
> [...]

[69] BRASIL. Superior Tribunal de Justiça. Segunda Turma. Recurso Especial — REsp 496.949/PR, relator Herman Benjamin, Data da Sessão: 25/08/2009.

> 4. O art. 3º, § 2º, da Lei 10.101/2000 (conversão da MP 860/1995) fixou critério básico para a não-incidência da contribuição previdenciária, qual seja a impossibilidade de distribuição de lucros ou resultados em periodicidade inferior a seis meses.
>
> 5. Caso realizada ao arrepio da legislação federal, a distribuição de lucros e resultados submete-se à tributação. Precedentes do STJ.
>
> 6. A norma do art. 3º, § 2º, da Lei 10.101/2000 (conversão da MP 860/1995), que veda a distribuição de lucros ou resultados em periodicidade inferior a seis meses, tem finalidade evidente: impedir aumento salarial disfarçado cujo intuito tenha sido afastar ilegitimamente a tributação previdenciária.
>
> 7. O Banco realizou pagamentos aos empregados de modo absolutamente contínuo durante nove meses, de outubro de 1995 a junho de 1996, o que implica submissão à contribuição previdenciária, nos termos do art. 3º, § 2º, da Lei 10.101/2000 (conversão da MP 860/1995) c/c o art. 28, § 9º, "j", da Lei 8.212/1991.
>
> [...]
>
> 12. **Escapam da tributação apenas os pagamentos que guardem, entre si, pelo menos seis meses de distância.** Vale dizer, apenas os valores recebidos pelos empregados em outubro de 1995 e abril de 1996 não sofrem a incidência da contribuição previdenciária, já que somente esses observaram a periodicidade mínima prevista no art. 3º, § 2º, da Lei 10.101/2000 (conversão da MP 860/1995). (...) Rel. Ministro HERMAN BENJAMIN,) (destaques nossos)

Em razão de demandas trabalhistas, em 2013, o Tribunal Regional do Trabalho — TRT da 2ª Região (São Paulo) fixou a Súmula 14, específica à participação nos lucros e resultados da Volkswagen do Brasil Ltda, a qual teria pago a referida verba, em parcelas mensais, de janeiro de 1999 a abril de 2000. Na oportunidade, privilegiou-se o acordo coletivo firmado pelas partes, pois o TRT fixou o entendimento de que o mero parcelamento não teria o condão de retirar a evidente natureza da verba de PLR prevista em norma constitucional.

O entendimento assegurou a boa-fé das partes, que, por suas razões, optaram por realizar o acordo dessa forma, de modo a melhor preservar os seus interesses. A súmula foi ementada com o seguinte teor[70]:

> 14 — Volkswagen do Brasil Ltda. Participação nos lucros e resultados. (Res. nº 02/2013 — DOEletrônico 26/08/2013)
>
> Pagamento mensal em decorrência de norma coletiva. Natureza indenizatória. A despeito da vedação de pagamento em periodicidade inferior a um semestre civil ou mais de duas vezes no ano civil, disposta no art. 3º, § 2º, da Lei nº 10.101, de 19.12.2000, o parcelamento em prestações mensais da participação nos lucros e resultados de janeiro de 1999 a abril de 2000, fixado no acordo coletivo celebrado entre o Sindicato dos Metalúrgicos do ABC e a Volkswagen do Brasil Ltda., não retira a natureza indenizatória da referida verba (art. 7º, XI, da CF), devendo prevalecer a diretriz constitucional que prestigia a autonomia privada coletiva (art. 7º, XXVI, da CF). Precedentes

Considerando todo o contexto histórico apresentado, não restam dúvidas que as jurisprudências do CARF e de órgãos do Poder Judiciário foram muito importantes para as inovações finalmente concretizadas por meio da Lei nº 14.020/2020, que inseriu os parágrafos 8º e 9º na Lei nº 10.101/2000.

Com tais inclusões, o litígio resultante de divergências nos prazos de pagamentos de PLR tende a cair de forma considerável, uma vez que, agora, o legislador fixou de modo cristalino os critérios que devem ser observados pelas partes e, consequentemente, para a fiscalização tributária.

Assim, cabe às partes atuarem dentro dos limites legais, delineando nas negociações a fixação dos pagamentos de PLR nos estritos prazos e condições previstos no ordenamento jurídico, evitando-se, assim, os enormes desgastes das demandas tributárias decorrentes desse tema.

[70] BRASIL. Tribunal Regional do Trabalho da 2ª região. Súmula 14. Volkswagen do Brasil Ltda. Participação nos lucros e resultados. Resolução nº 02/2013. Publicado no DO Eletrônico em 26/08/2013.

6.5 Pagamento de PLR em valores mínimos ou valores fixos

O pagamento da participação nos lucros ou resultados em valores fixos, a todos os empregados, é tema que, de início, suscita profunda reflexão por parte da alta administração de uma empresa.

Os que defendem a distribuição linear, com valores iguais a todos os empregados (como os sindicatos laborais costumam sustentar), irão alegar que todos contribuíram durante o exercício auferido e seria justo que, na hora da "divisão do bolo", cada um fosse agraciado com o mesmo "pedaço". Ainda, poderiam alegar que os empregados que detém os salários mais expressivos, como gestores e alta direção, já recebem tais valores mensalmente e, dessa forma, não seria razoável que, também na PLR, tivessem uma vantagem desproporcional em detrimento dos demais empregados, principalmente os de cargos mais simples, que contribuíram para o resultado geral da empresa.

Em sentido contrário, os empregados com salários mais altos tendem a ponderar que tanto os salários que recebem mensalmente quanto a PLR devem ter como parâmetro o nível de responsabilidade das atribuições exercidas por cada um. Nessa esteira, se os valores forem igualmente divididos, também restará caraterizada uma injustiça, pois, numa situação hipotética, seria possível que os empregados com salários menores (decorrentes de funções mais simples) recebessem múltiplos salários a título de PLR, enquanto os de cargo com maior responsabilidade, iriam auferir talvez menos de um salário.

Ao abordar o assunto, Fernanda Della Rosa destaca que[71]:

> O ideal é que o pagamento seja proporcional à responsabilidade de cada função. Há quem defenda que parcelas iguais para todos é o mais justo, pois não concentra renda. Algumas empresas, porém, estão preferindo pagar conforme o salário e responsabilidade do funcionário. Outras adotaram um sistema misto, em que uma parte dos recursos é paga por igual e a outra parte é proporcional ao salário de cada funcionário.

Superada a questão a respeito da forma com que as partes irão optar pela distribuição dos valores de lucros ou resultados, não menos relevante é analisar as possíveis consequências tributárias de tal decisão.

[71] DELLA ROSA, Fernanda. *Participação nos Lucros ou Resultados: a Grande Vantagem Competitiva.* 2. ed., São Paulo: Atlas, 2004, p. 150.

A estipulação de valores mínimos ou de valores fixos, a título de PLR, também tem suscitado diferentes interpretações pela fiscalização tributária. Em alguns casos, o CARF tem julgado a favor do contribuinte e entendido pela possibilidade de constar a previsão de valores fixos no PLR, mas desde que se trate de "valores ínfimos" ou moderados. Ou seja, há boa dose de subjetividade na questão e a empresa, obviamente, estará sujeita a riscos.

A 2ª Câmara da 2ª Turma Ordinária do CARF, por meio do Acórdão nº 2202-006.086, de 4 de março de 2020[72], proferiu decisão favorável à utilização de parcela mínima na Convenção Coletiva de Trabalho que instrumentalizou regras para a PLR. A decisão foi assim ementada:

> ASSUNTO: PROCESSO ADMINISTRATIVO FISCAL
>
> Período de apuração: 01/01/2014 a 31/12/2015
>
> PAGAMENTO DE PLR AOS EMPREGADOS. ALEGADO CARÁTER REMUNERATÓRIO. PREVIDENCIÁRIO. CUSTEIO. ALEGADO SALÁRIO INDIRETO. PREVISÃO DE PARCELA MÍNIMA. PREVISÃO DE VALOR FIXO. POSSIBILIDADE. MANUTENÇÃO DA NATUREZA NÃO REMUNERATÓRIA DADA PELA LEI Nº 10.101/2000.
>
> **A previsão de um valor mínimo ou de valor fixo não desvirtua a PLR, quando for moderada a sua previsão**, mas sim objetive assegurar um mínimo de valor a ser recebido como garantia ao trabalhador em seu direito social ao PLR, respeitando a relevante matiz social com previsão constitucional.
>
> Diante da inexistência de proibição pela Lei 10.101 do pagamento de PLR em valor fixo e da sua previsão na Convenção Coletiva de trabalho não há incidência de contribuição previdenciária. (destaques nossos)

Na situação acima, a RFB entendeu que o programa de PLR da contribuinte, previsto em Convenção Coletiva de Trabalho — CCT, apresentava algumas condições que violavam a legislação. Alegou que mesmo sem apuração de balanço e que a empresa constatasse prejuízo,

[72] BRASIL. Conselho Administrativo de Recursos Fiscais — CARF, 2ª Câmara, 2ª Turma Ordinária. Recurso Voluntário. Processo nº 16327.720899/2018-75. Acórdão nº 2202-006.086, relator Leonam Rocha de Medeiros, Data da Sessão: 04/03/2020.

foi identificado que estaria garantido aos empregados um valor mínimo (parcela fixa) a título de PLR.

A autoridade fiscal também argumentou que tal valor já constava como verdadeiro "fato consumado" e que, para o recebimento dessa quantia, não seria necessário qualquer desempenho por parte do empregado contemplado, exigindo-se apenas o vínculo empregatício no período da apuração e que, portanto, seria um mero "prêmio por assiduidade" e não "participação nos lucros ou resultados". Pela falta de previsão de atingimento de metas/resultados para o recebimento do valor mínimo, entendeu a fiscalização que as regras da CCT não estavam de acordo com a legislação de PLR, sendo devida a incidência tributária das contribuições previdenciárias sobre os valores pagos.

Não obstante as alegações do Fisco, o CARF entendeu que a simples previsão de um pagamento mínimo não seria capaz de desvirtuar, por completo, o plano de PLR. Pelo contrário, entendeu que mesmo essa condição era capaz de manter a "integração capital e trabalho", e que a previsão de um valor modesto tinha o objetivo de assegurar ao trabalhador um direito social, previsto em norma constitucional. Destacou, ainda, que como a previsão constou em Convenção Coletiva de Trabalho, a empresa contribuinte não teve participação direta na formulação das regras, pois as convenções são assinadas por entidades sindicais dos empregadores e dos empregados e que, portanto, ela não poderia se opor ao que foi estipulado por terceiros.

Entretanto, o risco da implantação de valores mínimos (parcelas fixas) nos planos de PLR permanece. Em outro julgado sobre o assunto envolvendo uma instituição bancária, a 2ª Câmara, 1ª Turma Ordinária do CARF, no Acórdão nº 2201-005.314, de 6 de agosto de 2019[73], deduziu pela impossibilidade dessa prática, por entender que há desrespeito à legislação, nos termos da ementa destacada a seguir:

> ASSUNTO: CONTRIBUIÇÕES SOCIAIS PREVIDENCIÁRIAS Período de apuração: 01/01/2013 a 31/12/2013
>
> [...]

[73] BRASIL. Conselho Administrativo de Recursos Fiscais — CARF, 2ª Câmara, 1ª Turma Ordinária. Recurso Voluntário. Processo nº 16327.720071/2018-17. Acórdão nº 2201-005.314, relatora Debora Fofano dos Santos, Data da Sessão: 06/08/2019.

> PLR. VALOR MÍNIMO FIXO E CERTO. A previsão de que seja pago valor mínimo, fixo e certo retira do acordo a finalidade de que haja o incentivo à produtividade, que se afigura como um dos objetivos mediatos da lei.

O voto vencedor identificou que o único critério para abranger um empregado no Acordo Coletivo de PLR era que ele já tivesse sido admitido na empresa antes do início do ano-base a apurar (ou no curso dele) e que assim permanecesse até o término do período, ou seja, bastaria ser empregado. Ficou constatado que o Banco garantia o valor mínimo em qualquer condição, sem qualquer critério relativo ao incentivo à produtividade e, dessa forma, não seria possível admitir que a parcela paga fosse caracterizada como a PLR prevista na Lei nº 10.101/2000.

Como se percebe, apesar de ambos os julgamentos terem apreciado questões muito similares, o resultado das decisões foi absolutamente distinto. A lei não estabelece a impossibilidade da previsão de valores mínimos ou valores fixos nos programas de PLR, mas o problema é a estipulação de tais pagamentos desatrelados a quaisquer metas ou indicadores firmados pelas partes. O risco é o de a fiscalização tributária entender que tais valores são salários dissimulados e, por consequência, descaracterizar as verbas pagas e exigir as contribuições previdenciárias pertinentes.

Urge ressaltar, no entanto, que a inserção do parágrafo 6º no artigo 2º da Lei nº 10.101/2000, ocorrida por meio da Lei nº 14.020/2020, buscou trazer maior segurança jurídica para essa prática adotada nos acordos de PLR. Por ser oportuno ao estudo, pedimos licença para transcrevê-lo novamente:

> § 6º Na fixação dos direitos substantivos e das regras adjetivas, **inclusive no que se refere à fixação dos valores** e à utilização exclusiva de metas individuais, **a autonomia da vontade das partes contratantes será respeitada e prevalecerá em face do interesse de terceiros.** (Incluído pela Lei nº 14.020, de 2020) (destaques e grifos nossos).

Neste ponto, também reiteramos a ressalva que já fizemos no item 6.3, acima. Não obstante o legislador tenha sido enfático ao assegurar a autonomia das partes para a livre fixação dos valores da PLR, pensamos que outros dispositivos da Lei nº 10.101/2000 precisam ser ponderados pelas partes no momento da análise dos riscos ao estabelecerem valores fixos no pagamento de PLR.

É que, se tais valores fixos forem estabelecidos por meio de regras e critérios duvidosos, sem clareza e desvinculados do atingimento de quaisquer metas ou resultados por parte dos empregados, temos que a fiscalização poderá lavrar autuações com base na interpretação geral da legislação vigente sobre o tema, como já ressaltado anteriormente.

Resta evidente que, cada vez mais, a RFB interpretará as normas de um modo sistemático para verificar se outros pontos da legislação de regência da participação nos lucros ou resultados foi relativizada pelo contribuinte.

Assim, as empresas devem estar atentas ao eleger e concordar com o pagamento de valores sob tais condições, pois não se trata de risco irrelevante, já que, ao contrário, essa situação pode resultar em autuação do Fisco para o recolhimento de contribuições previdenciárias sobre as verbas pagas.

Considerando as alterações legais acima destacadas, será necessário acompanhar a evolução das práticas de mercado, a postura da fiscalização frente a essas novas regras, bem como a jurisprudência administrativa e judicial que será construída a partir da análise dos casos concretos que lhe serão submetidos.

6.6 Pagamento de PLR a diretores estatutários (empregados e não empregados)

O pagamento da Participação nos Lucros ou Resultados — PLR a diretores estatutários, empregados e não empregados, é matéria de reiteradas decisões no âmbito CARF. É certo que os valores recebidos por tais profissionais sob a denominação de PLR podem atingir altas cifras e, dessa forma, é imperioso analisar as controvérsias que envolvem tais pagamentos, visando compreender os principais elementos dessa questão.

O debate não é novo. Tanto é assim que se pode constatar que a RFB manifestou de forma cristalina qual é o entendimento do Fisco sobre o assunto, por meio da Solução de Consulta nº 368 — COSIT, de 18 de dezembro de 2014. Para a devida compreensão do tema, se revela imprescindível a análise da fundamentação dos basilares argumentos trazidos à luz pela autoridade fiscal no referido parecer, a saber:

a) destaca que o artigo 12 da Lei nº 8.212/1991 define como segurados obrigatórios da Previdência Social tanto o diretor estatutário empregado como o não empregado;
b) aduz que o Decreto nº 3.048/99 (Regulamento da Previdência Social), em seu artigo 9º, parágrafos 2º e 3º, define o diretor empregado como "*aquele que participando ou não do risco econômico do empreendimento, seja contratado ou promovido para cargo de direção das sociedades anônimas, mantendo as características inerentes à relação de emprego*". A única e essencial diferença que consta no Decreto citado quanto ao diretor não empregado é que este não mantém as características da relação empregatícia;
c) estabelece que o artigo 22 da Lei nº 8.212/1991 define que a contribuição previdenciária, regra geral, é obrigatória a ambos os diretores. No entanto, destaca que o parágrafo 2º, do inciso III, do referido artigo, prevê que "*não integram a remuneração as parcelas de que trata o § 9º do art. 28*" da lei citada. Esse último dispositivo (alínea "j") diz que não faz parte, portanto, da remuneração, a participação nos lucros ou resultados da empresa, quando paga ou creditada de acordo com lei específica;
d) sustenta que a lei específica só poderia ser a Lei nº 10.101/2000, que instituiu a PLR, após sucessivas medidas provisórias;
e) Por fim, diz que os artigos 2º e 3º da Lei nº 10.101/2000 se referem ao termo "empregados" e, portanto, apenas estes estariam abrangidos pelo conceito legal. Apenas o diretor empregado, dessa forma, estaria contemplado pela legislação em destaque.

Nesse sentido, a Solução de Consulta nº 368/2014 — COSIT restou ementada do seguinte modo quanto ao entendimento do Fisco sobre a PLR do diretor estatutário, não empregado:

> DIRETOR DE SOCIEDADE ANÔNIMA. CONDIÇÃO DE SEGURADO. PARTICIPAÇÃO NOS LUCROS E RESULTADOS. LEI Nº 10.101, DE 2000. SALÁRIO-DE-CONTRIBUIÇÃO. CONTRIBUINTE INDIVIDUAL.
>
> **O diretor estatutário**, que participe ou não do risco econômico do empreendimento, eleito por assembleia geral de acionistas para o cargo de direção de sociedade anônima, **que não mantenha as características inerentes à relação de emprego**, é segurado obrigatório da previdência

social na qualidade de contribuinte individual, e **a sua participação nos lucros e resultados** da empresa de que trata a Lei nº 10.101, de 2000, **integra o salário-de-contribuição**, para fins de recolhimento das contribuições previdenciárias. (destaques nossos)

Não obstante o entendimento acima exposto, o CARF, em algumas situações, já se posicionou a favor do contribuinte no pagamento de participação de lucros ou resultados a diretor estatutário não empregado, por entender que também nessa hipótese não caberia a incidência das contribuições previdenciárias.

Nessa esteira, cumpre destacar o entendimento favorável ao contribuinte, exarado no Acórdão nº 2201-003.370[74], da 2ª Câmara, 1ª Turma Ordinária, sob a relatoria do Conselheiro Carlos Henrique de Oliveira.

Assim, tomamos a liberdade para, em síntese, destacar alguns dos fundamentos e conclusões trazidas pelo Relator citado:

a) aplicam-se ao contribuinte individual (diretor não empregado) as disposições da Lei nº 10.101/2000;
b) não se mostra razoável que o intérprete estabeleça uma restrição que não foi feita pelo constituinte no artigo 7º, inciso XI, que usou a expressão "trabalhadores" na Constituição Federal. O artigo citado traz regras específicas apenas quanto aos avulsos e trabalhadores domésticos, conforme seu inciso XXXIV e seu parágrafo único, respectivamente;
c) os artigos 2º e 3º da Lei nº 10.101/2000, ao se referirem ao termo "empregados" não devem ter interpretação restritiva, se tratando de mero pressuposto lógico por conta das questões de participação sindical. Diz que, ao se referir à tributação da renda do beneficiário da PLR, por exemplo, o legislador usou o termo "trabalhadores", conforme artigo 3º, parágrafo 8º, da lei citada.
d) com base em construção jurídica apoiada em doutrina relativa a princípios constitucionais, assevera que a Carta Magna jamais teve o intuito de distinguir os trabalhadores, mas de aproximá-los.

[74] BRASIL. Conselho Administrativo de Recursos Fiscais — CARF, 2ª Câmara, 1ª Turma Ordinária. Recurso Voluntário. Processo nº 10283.720831/2013-59. Acórdão nº 2201-003.370, relator Carlos Henrique de Oliveira, Data da Sessão: 18/01/2017.

e) nesse ponto, destaca que a melhor interpretação do artigo 150, inciso II, da Constituição[75], proíbe taxativamente a instituição de tratamento desigual entre contribuintes que estejam em situação equivalente, sendo vedada qualquer distinção em razão de ocupação profissional ou função exercida, pouco importando a denominação dada aos rendimentos;

f) por fim, destaca que a Lei nº 10.101/2000 dispõe que o imposto de renda do trabalhador (IRPF) que recebe a participação nos lucros ou resultados é uma norma favorável que contempla o diretor estatutário não empregado e que, uma outra interpretação teria viés discriminatório, o que violaria gravemente o artigo 150, inciso II, da Constituição Federal. Assim, sendo aplicável o IRPF na situação ora tratada, automaticamente, ficam afastadas as contribuições previdenciárias, por questões de interpretação harmônica das disposições legais.

O acórdão supracitado foi lavrado com a seguinte ementa em relação ao conteúdo em análise:

> ASSUNTO: CONTRIBUIÇÕES SOCIAIS PREVIDENCIÁRIAS. Período de apuração: 01/01/2009 a 31/12/2009
>
> [...] PARTICIPAÇÃO NOS LUCROS E RESULTADOS. LEI Nº 10.101/00.CONTRIBUINTE INDIVIDUAL. APLICABILIDADE. Os valores pagos a título de PLR não sofrem incidência tributária somente se cumpridos os requisitos estabelecidos na Lei nº 10.101/00. Cumpridos tais requisitos, **o pagamento da PLR é extensível aos segurados contribuintes individuais**. [...]. (destaques nossos)

Outros fundamentos jurídicos normalmente trazidos à discussão relativa aos diretores estatutários são as disposições da Lei nº 6.404/76. De relevo para o tema da participação nos lucros e resultados aos seus

[75] Constituição Federal: "Art. 150. Sem prejuízo de outras garantias asseguradas ao contribuinte, é vedado à União, aos Estados, ao Distrito Federal e aos Municípios: [...] II — instituir tratamento desigual entre contribuintes que se encontrem em situação equivalente, proibida qualquer distinção em razão de ocupação profissional ou função por eles exercida, independentemente da denominação jurídica dos rendimentos, títulos ou direitos";

administradores, o principal artigo da referida lei debatido nos julgamentos do CARF é o seguinte:

> Art. 152. A assembléia-geral fixará o montante global ou individual da remuneração dos administradores, inclusive benefícios de qualquer natureza e verbas de representação, tendo em conta suas responsabilidades, o tempo dedicado às suas funções, sua competência e reputação profissional e o valor dos seus serviços no mercado. (Redação dada pela Lei nº 9.457, de 1997)
>
> § 1º O estatuto da companhia que fixar o dividendo obrigatório em 25% (vinte e cinco por cento) ou mais do lucro líquido, **pode atribuir aos administradores participação no lucro da companhia**, desde que o seu total não ultrapasse a remuneração anual dos administradores nem 0,1 (um décimo) dos lucros (artigo 190), prevalecendo o limite que for menor.
>
> § 2º Os administradores somente farão jus à **participação nos lucros** do exercício social em relação ao qual for atribuído aos acionistas o dividendo obrigatório, de que trata o artigo 202. (destaques nossos)

A 2ª Turma da CSRF do CARF, no Acórdão nº 9202-008.465[76], de 17 de dezembro de 2019, rejeitou qualquer possibilidade de utilização do artigo acima transcrito para fundamentar a isenção das contribuições previdenciárias sobre as verbas de participação nos lucros ou resultados pagas aos administradores (diretores não empregados) das sociedades anônimas.

Na ocasião, prevaleceu o entendimento que a lei específica citada no artigo 28, parágrafo 9º, alínea "j" da Lei nº 8.212/1991[77], é a Lei da PLR, ou seja, a Lei nº 10.101/2000 e não a Lei nº 6.404/1976.

Afirmou o Relator que a participação prevista no parágrafo 1º, do artigo 152, da Lei nº 6.404/1976, contempla exclusivamente os adminis-

[76] BRASIL. Conselho Administrativo de Recursos Fiscais — CARF, CSRF 2ª Turma. Recurso Especial do Procurador. Processo nº 10920.000091/2010-35. Acórdão nº 9202-008.465, relator Pedro Paulo Pereira Barbosa, Data da Sessão: 17/12/2019.

[77] Art. 28 [...] § 9º Não integram o salário-de-contribuição para os fins desta Lei, exclusivamente: [...] j) a participação nos lucros ou resultados da empresa, **quando paga ou creditada de acordo com lei específica.** (destaque nosso)

tradores das sociedades anônimas. Já a Lei nº 10.101/2000 abrangeria os empregados, e, assim, a legislação previdenciária excluiria apenas os segurados-empregados da contribuição previdenciária no pagamento da PLR. Ressaltou, ainda, que a remuneração dos administradores poderia se concretizar tanto por meio de *"pro labore"* quanto por participação nos lucros, consoante o regramento do estatuto social.

Aduziu que o art. 152 da lei citada, em nenhum momento, remete para a isenção da participação nos lucros dos administradores quando submetida ao conceito de salário-de-contribuição. No mesmo sentido, ressaltou que tal participação constituiu mera remuneração do trabalho do administrador, sendo essa a sua natureza e, portanto, não se trata de remuneração do capital da sociedade.

O Acórdão nº 9202-008.465[78] foi assim ementado:

> ASSUNTO: CONTRIBUIÇÕES SOCIAIS PREVIDENCIÁRIAS
>
> Período de apuração: 01/04/2006 a 30/04/2006
>
> PLR. PAGAMENTO DE PARTICIPAÇÃO NOS LUCROS A SEGURADOS SEM VÍNCULO DE EMPREGO. FALTA DE PREVISÃO DA SUA EXCLUSÃO DA BASE DE CÁLCULO DAS CONTRIBUIÇÕES PREVIDENCIÁRIAS. INAPLICABILIDADE DA LEI 10.101/2000 EM DA LEI 6.404/76 DESCUMPRIMENTO DO ART. 28, § 9º, "J" DA LEI 8212/91.
>
> Os valores pagos aos administradores (diretores não empregados) à título de participação nos lucros **sujeitam-se a incidência de contribuições previdenciárias**, por não haver norma específica que, disciplinando art. 28, § 9º, "j" da lei 8212/91, preveja a sua exclusão do salário-de-contribuição.

Em outro julgado, a 2ª Turma da Câmara Superior de Recursos Fiscais do CARF também teve o mesmo entendimento, como se constata na ementa do Acórdão nº 9202-007.609, de 26 de fevereiro de 2019[79]:

[78] BRASIL. Conselho Administrativo de Recursos Fiscais — CARF, CSRF 2ª Turma. Recurso Especial do Procurador. Processo nº 10920.000091/2010-35. Acórdão nº 9202-008.465, relator Pedro Paulo Pereira Barbosa, Data da Sessão: 17/12/2019.

[79] BRASIL. Conselho Administrativo de Recursos Fiscais — CARF, CSRF 2ª Turma. Recurso Especial do Contribuinte. Processo nº 16327.001054/2009-96. Acórdão nº 9202-007.609, relatora Elaine Cristina Monteiro e Silva Vieira, Data da Sessão: 26/02/2019.

> Assunto: Contribuições Sociais Previdenciárias. Período de apuração: 01/01/2004 a 28/02/2006 (...) PLR. PAGAMENTO DE PARTICIPAÇÃO NOS LUCROS A SEGURADOS SEM VÍNCULO DE EMPREGO. FALTA DE PREVISÃO DA SUA EXCLUSÃO DA BASE DE CÁLCULO DAS CONTRIBUIÇÕES PREVIDENCIÁRIAS. INAPLICABILIDADE DA LEI 10.101/2000 e da lei 6.404/76 DESCUMPRIMENTO DO ART. 28, § 9º, "J" DA LEI 8212/91.
>
> **Os valores pagos aos administradores (diretores não empregados)** à título de participação nos lucros **sujeitam-se a incidência de contribuições previdenciárias**, por não haver norma específica que, disciplinando art. 28, § 9º, "j" da lei 8212/91, preveja a sua exclusão do salário-de-contribuição.
>
> A lei 10.101/2000 não serve como subsídio para fundamentar a exclusão do conceito de salário de contribuição previsto no art. 28 da lei 8212/91, face em seu próprio art. 2º, restringir a sua aplicabilidade aos empregados.
>
> A verba paga aos diretores/administradores não empregados possui natureza remuneratória. **A Lei nº 6.404/1976 não regula a participação nos lucros e resultados**, nem tampouco a exclusão do conceito de salário de contribuição. A verba paga não remunerou o capital investido na sociedade, logo remunerou efetivamente o trabalho executado pelos diretores. (destaques nossos)

Em sentido contrário, ao julgar o recurso voluntário de uma instituição bancária, a 3ª Câmara, 1ª Turma Ordinária do CARF, no Acórdão 2301-004.474, de 12 de julho de 2016[80], teve o entendimento de que a Lei nº 6.404/76 poderia ser considerada como a legislação específica para afastar a incidência de contribuições previdenciárias na participação dos lucros dos administradores (diretores não empregados), pois tal legislação atenderia ao preceito do artigo 28, parágrafo 9º, alínea "j", da Lei nº 8.212/1991.0.

Ao realizar uma interpretação sistemática do ordenamento jurídico, entendeu o julgador, com base nos artigos 152, 190 e 201 da Lei

[80] BRASIL. Conselho Administrativo de Recursos Fiscais — CARF, 3ª Câmara, 1ª Turma Ordinária. Recurso Voluntário. Processo nº 16327.720678/2012-10 Acórdão nº 2301-004.747, relatora Alice Grecchi, Data da Sessão: 12/07/2016.

nº 6.404/76, que também seria possível a isenção das contribuições previdenciárias na participação nos lucros dos administradores, desde que observados alguns requisitos da lei das S/A, como os dos parágrafos 1º e 2º do art. 153: o estatuto fixe o dividendo mínimo obrigatório em 25% (vinte e cinco por cento) ou mais do lucro líquido, observando os limites ali estabelecidos, bem como a distribuição de dividendo obrigatório aos acionistas no mesmo exercício social.

Ocorre que, no caso concreto, a contribuinte não se desvencilhou da obrigação de demonstrar o efetivo cumprimento dos critérios legais, restando mantida a incidência da tributação previdenciária, apenas por conta de tal motivo. A ementa do Acórdão acima citado possui o seguinte teor:

> ASSUNTO: CONTRIBUIÇÕES SOCIAIS PREVIDENCIÁRIAS
>
> Período de apuração: 01/01/2007 a 31/12/2008
>
> (...) PARTICIPAÇÃO NOS LUCROS E RESULTADOS DOS ADMINISTRADORES. DISPOSIÇÕES DA LEI Nº 6.404/76. A participação nos lucros e resultados da empresa relativa aos administradores **enquadra-se nas hipóteses previstas pela Lei nº 8.212/91 referente às parcelas não integrantes do salário de contribuição, em virtude de previsão legal pela Lei nº 6.404/76.** Entretanto, no caso concreto, não restou demonstrado o atendimento aos requisitos dispostos na Lei específica, caracterizando verdadeiras parcelas remuneratórias com incidência de contribuições previdenciárias.[81] (destaques nossos)

Wagner Balera e Thiago Taborda Simões sustentam que uma interpretação sistemática dos dispositivos legais conduz à conclusão de se estender o benefício fiscal aos diretores estatuários não empregados (contribuintes individuais). Afirmam que o caráter de plano coletivo impede a discriminação entre tais diretores e os empregados celetistas, de sorte que a intenção do programa de PLR é o de incentivar todos os participantes da cadeia produtiva a empenharem esforços na busca de um resultado comum. Ressaltam que a norma de isenção prevista na

[81] BRASIL. Conselho Administrativo de Recursos Fiscais — CARF, 3ª Câmara, 1ª Turma Ordinária. Recurso Voluntário. Processo nº 16327.720678/2012-10 Acórdão nº 2301-004.747, relatora Alice Grecchi, Data da Sessão: 12/07/2016.

alínea "j", do artigo 28, parágrafo 9º, da Lei nº 8.212/1991, não estabelece a qual lei específica a PLR deve ser submetida e, portanto, defendem a aplicação da Lei nº 6.404/76 à hipótese.[82]

Edmar Oliveira Andrade Filho, após explanações sobre a palavra "lucro" na Lei nº 6.404/76, assevera que "a lei societária trata unicamente da participação nos lucros e, portanto, não faz menção às eventuais participações nos resultados atribuídas aos empregados na forma da Lei nº 10.101/2000".[83]

Diante do contexto exposto, constata-se que o pagamento de participação nos lucros ou resultados para administradores (diretores não empregados), com base na Lei nº 10.101/2000 é extremamente polêmica. O art. 7º, XI, da Constituição Federal, apesar de usar a expressão "trabalhadores" em seu caput, traz, em todos os incisos, direitos que são genuinamente reconhecidos para empregados com vínculo CLT.

Por exemplo, apesar de o inciso III do referido artigo da Carta Magna afirmar o direito dos trabalhadores ao Fundo de Garantia por Tempo de Serviço — FGTS, ninguém sustenta que tal disposição seria obrigatória para os diretores não empregados. Aliás, a própria Lei nº 8.036/90, em seu art. 16[84], faculta às empresas equiparar ou não tais diretores para o recebimento da verba em questão, deixando claro, portanto, que o comando constitucional não alcançaria tais trabalhadores.

O tema, repise-se, é espinhoso. Ambas as partes (contribuinte e Fisco) possuem argumentos válidos para sustentar suas posições. No entanto, temos que a decisão de estender os efeitos da Lei nº 10.101/2000 para os diretores não empregados abre consideráveis riscos de autuação por parte da Receita Federal, tendo em vista a latente insegurança jurídica que existe nos entendimentos que visam manter ou afastar as contribuições previdenciárias para o pagamento da PLR para esses profissionais.

[82] BALERA, Wagner; SIMÕES, Thiago Taborda. *Participação nos Lucros e nos Resultados: natureza jurídica e incidência previdenciária*. São Paulo: Thomson Reuters, 2014, pp. 163 e 164.

[83] ANDRADE FILHO, Edmar Oliveira. *Imposto de Renda das Empresas*, 13. ed., São Paulo: Atlas, 2018, p. 248.

[84] "Artigo 16. Para efeito desta lei, as empresas sujeitas ao regime da legislação trabalhista poderão equiparar seus diretores não empregados aos demais trabalhadores sujeitos ao regime do FGTS. Considera-se diretor aquele que exerça cargo de administração previsto em lei, estatuto ou contrato social, independente da denominação do cargo".

6.7 Pagamento de PLR em valores expressivos ou desiguais

A Lei nº 10.101/2000 não traz qualquer norma que estabeleça valores mínimos ou máximos a título de pagamento de Participação nos Lucros e Resultados — PLR. Do mesmo modo, também não vedou a fixação de valores diferentes entre os empregados abrangidos pelo programa. O legislador, com acerto, conferiu discricionariedade para as partes (empresas e empregados) negociarem com base nas diretrizes estabelecidas em lei, preservando a autonomia para, entre si, definirem os ajustes que melhor lhes convierem dentro de tal contexto.

Não obstante, mesmo diante da inexistência de limitações legais em tais aspectos, a RFB, em alguns casos concretos, já manifestou o entendimento de que o pagamento de PLR em valores expressivos ou desiguais, que supere, por exemplo, o salário anual do empregado, pode caracterizar uma utilização deturpada do instituto. Em tais situações, poderá o Fisco entender que a PLR é utilizada pela empresa como uma forma de substituir ou complementar a remuneração (salário) do empregado, sem arcar, dessa forma, com as contribuições previdenciárias que seriam devidas.

Entretanto, tal raciocínio se mostra demasiadamente subjetivo, pois a fiscalização não poderia, em nosso sentir, descaracterizar um programa de PLR por conta apenas do que acredita ser ou não mais adequado. É necessário respeitar a absoluta sujeição ao princípio da legalidade, sustentáculo do ordenamento jurídico.

No Acórdão nº 2401-004.795, de 10 de maio de 2017, a 4ª Câmara, 1ª Turma Ordinária, do CARF[85], de forma pormenorizada, afastou a incidência das contribuições previdenciárias de PLR em uma situação em que a acusação fiscal era a "existência de pagamentos desiguais entre os trabalhadores e, em alguns casos, em valores superiores ao respectivo salário anual".

Assim, considerando a pertinência dos diversos fundamentos trazidos em tal julgado pelo Relator Cleberson Alex Friess, aproveitamos para, em apertada síntese, descrever as linhas gerais dos argumentos que nortearam a decisão:

[85] BRASIL. Conselho Administrativo de Recursos Fiscais — CARF, 4ª Câmara, 1ª Turma Ordinária. Recurso Voluntário. Processo nº 16327.721150/2014-11. Acórdão nº 2401-004.795, relator Cleberson Alex Friess, Data da Sessão: 10/05/2017.

a) a Lei nº 10.101/2000 não dispõe de regras inflexíveis para a participação nos lucros e resultados, devendo estas, no entanto, ser claras e objetivas;
b) tendo por base os diferentes graus de responsabilidades exigidas de cada trabalhador, é natural que ocorra diferença entre os valores pagos a cada um. Ainda que isso possa gerar uma eventual sensação de injustiça, obviamente tal fato não possui robustez ou relevância jurídica para afastar a isenção das contribuições previdenciárias do plano de PLR e comprometer a natureza das parcelas pagas;
c) não há impedimento na lei caso as partes estabeleçam metas e regras diferentes tendo por base a faixa salarial de cada empregado, pois tal medida pode ter a finalidade de buscar a valorização do papel de cada empregado na empresa. Usualmente, quanto mais importante o nível hierárquico ou estratégico do cargo ocupado, maior será a respectiva responsabilidade no alcance das metas específicas, conforme a atividade econômica;
d) a forma de pagamento linear (igualitária a todos os empregados) de PLR não está prevista nem de modo implícito na legislação para que as verbas pagas tenham o benefício fiscal, nem mesmo há indicação de um valor máximo de pagamento a esse título;
e) de igual modo, a Lei nº 10.101/2000 não traz qualquer regra objetiva limitadora entre a PLR e o salário recebido pelos empregados e, assim, o legislador apenas vedou que a PLR seja utilizada como forma de substituição ou complementação da remuneração do trabalhador, desde que isso seja cabalmente comprovado pela fiscalização;
f) para que as parcelas pagas a título de PLR sejam classificadas como se estivessem em desacordo com a legislação vigente, a fiscalização precisaria demonstrar a violação a algum requisito legal, de modo que tais montantes passem a integrar o salário-de-contribuição;
g) na situação em que a fiscalização alega que a PLR ultrapassou o salário anual do empregado destinatário, seria necessário que a autoridade fiscal comprovasse que tais valores foram pagos em dissonância ao que fora estabelecido nos acordos firmados. Mera

interpretação subjetiva não tem o condão de afastar a natureza das verbas pagas;

h) outro ponto importante é que não restou comprovado que os empregados da contribuinte recebiam valores inferiores aos praticados no mercado para os mesmos cargos e responsabilidades. Sem essa prova, restou evidentemente frágil qualquer alegação de que a PLR paga teria a finalidade de substituir ou complementar a remuneração, conforme veda o artigo 3º da Lei nº 10.101/2000.

Por oportuno, revela-se pertinente trazermos a ementa da decisão acima delineada:

> ASSUNTO: CONTRIBUIÇÕES SOCIAIS PREVIDENCIÁRIAS
>
> Período de apuração: 01/01/2010 a 30/11/2012
>
> PARTICIPAÇÃO NOS LUCROS OU RESULTADOS. PAGAMENTOS EM VALORES DESPROPORCIONAIS ENTRE OS EMPREGADOS DA EMPRESA. PAGAMENTO EM MONTANTE SUPERIOR AO SALÁRIO ANUAL. **A Lei nº 10.101, de 2000, não contemplou a necessidade de pagamentos equânimes entre todos os funcionários da empresa, para fins de gozo do benefício fiscal, tampouco determinou um valor máximo a ser pago a título de Participação nos Lucros ou Resultados.** O pagamento da participação em valor superior ao salário anual do trabalhador só ganha relevância, para fins tributários, na hipótese de demonstração pela fiscalização da sua utilização como substituição ou complementação da remuneração devida ao segurado empregado, ou quando em desacordo com as próprias regras estabelecidas pelo Programa de Participação nos Lucros ou Resultados. (destaques nossos)

Na situação em análise, é forçoso concluir que não pode a contribuinte ser penalizada apenas pelo fato de realizar pagamentos de valores de PLR diferentes aos seus empregados a depender dos cargos exercidos, bem como por conta de realizar pagamentos em valores expressivos, desde que tais critérios e regras constem do instrumento jurídico (acordo) que formalizou a negociação da participação nos lucros e resultados.

A fiscalização, portanto, ao realizar a análise dessas questões, tem a obrigação de, além de se sujeitar às regras legais, verificar se a contribuinte violou as disposições do acordo firmado. A autuação que vise retirar o benefício fiscal das verbas pagas a título de PLR deve estar pautada na legislação, e jamais em opiniões ou inferências dos agentes de fiscalização responsáveis.

Por fim, cumpre destacar que, também nas discussões que envolvem este assunto, se mostra oportuno acompanhar a evolução das interpretações da fiscalização tributária e da jurisprudência administrativa e dos tribunais, tendo em vista as disposições do novo parágrafo 6º do artigo 2º da Lei nº 10.101/2000, que reitera a obrigatoriedade de ser observada a autonomia das partes no que se refere à fixação dos valores da PLR.

7. ASPECTOS TRIBUTÁRIOS E COMPETÊNCIA PARA A DESCARACTERIZAÇÃO DO ACORDO DE PLR

Tendo em vista a abordagem já realizada a respeito dos principais requisitos que são analisados pela fiscalização da Receita Federal nos acordos e planos de Participação nos Lucros ou Resultados — PLR, mostra-se oportuno tratar das consequências tributárias a que o contribuinte poderá estar sujeito caso os pagamentos efetuados a esse título sejam descaracterizados pelo Fisco.

Kiyoshi Harada, a respeito da competência para a constituição do crédito tributário, ressalta que:

> Os agentes administrativos que compõem os órgãos julgadores de primeira e segunda instância e de instância especial, dentre os quais os representantes dos contribuintes nos órgãos colegiados, não têm competência para constituir o crédito tributário, atribuição exclusiva do agente fiscal integrante de carreira específica. Aos membros dos órgãos julgadores compete tão somente decidir sobre a validade ou invalidade, total ou parcial, do crédito tributário constituído na forma do art. 142 do CTN pelo agente administrativo tributário competente. Sua atribuição é idêntica à de uma autoridade judiciária a quem compete validar ou invalidar o crédito tributário em definitivo. Nem por isso sustenta-se que autoridade judicial é a pessoa competente para constituir definitivamente o crédito tributário.[86]

[86] HARADA, Kiyoshi. *Contribuições Sociais: doutrina e prática*. São Paulo, Atlas, 2015, p. 49.

Assevera James Marins[87] que, apesar do lançamento ser ato administrativo, este se reveste de finalidade estritamente tributária. Assim, haverá um ato preparatório antes, denominado procedimento de lançamento, o qual contempla várias características, especialmente as de impedir a fluência do prazo decadencial, visando manter a exigibilidade administrativa e, após a inscrição da obrigação em dívida ativa, permitir a exequibilidade do crédito tributário.

Dispõe o art. 142 do Código Tributário Nacional que:

> Art. 142. Compete privativamente à autoridade administrativa constituir o crédito tributário pelo lançamento, assim entendido o procedimento administrativo tendente a verificar a ocorrência do fato gerador da obrigação correspondente, determinar a matéria tributável, calcular o montante do tributo devido, identificar o sujeito passivo e, sendo caso, propor a aplicação da penalidade cabível.
>
> Parágrafo único. A atividade administrativa de lançamento é vinculada e obrigatória, sob pena de responsabilidade funcional.

Se a empresa contribuinte for autuada em uma fiscalização que tenha por objeto verificar a regularidade dos pagamentos realizados com respaldo nos acordos de PLR, a documentação produzida pelos Auditores Fiscais no processo buscará demonstrar, por meio da análise das evidências constatadas, que os valores pagos não observaram a legislação de regência (Lei nº 10.101/2000).

Assim, com a referida autuação, a RFB irá sustentar que o montante pago em desacordo com a lei não poderá ter a isenção fiscal e será considerado como se tivesse verdadeira natureza salarial, de típica de remuneração paga aos empregados, sendo devidas, portanto, todas as contribuições previdenciárias.

Nessa esteira, a constatação (na visão da autoridade fiscal) do não cumprimento da Lei nº 10.101/2000, via de regra, atrairia o fato gerador e todo o montante pago a título de PLR seria base de cálculo para a incidência das contribuições previdenciárias, já que tal pagamento não estaria enquadrado na regra insculpida no art. 7º, inciso XI, da Constituição

[87] Marins, James. *Direito processual tributário brasileiro: administrativo e judicial*, 12. ed. rev. atual., São Paulo: Thomson Reuters Brasil, 2019, p. 204.

Federal[88] e prevista na alínea "j", do parágrafo 9°, do artigo 28, da Lei nº 8.212/1991.[89]

A partir de tal fato, a autoridade fiscal poderá lavrar a autuação relativa ao não recolhimento da contribuição previdenciária prevista no artigo 22 da Lei 8.212/1991, a saber:

> Art. 22. A contribuição a cargo da empresa, destinada à Seguridade Social, além do disposto no art. 23, é de:
>
> I — **vinte por cento** sobre o total das remunerações pagas, devidas ou creditadas a qualquer título, durante o mês, aos segurados empregados e trabalhadores avulsos que lhe prestem serviços, destinadas a retribuir o trabalho, qualquer que seja a sua forma, inclusive as gorjetas, os ganhos habituais sob a forma de utilidades e os adiantamentos decorrentes de reajuste salarial, quer pelos serviços efetivamente prestados, quer pelo tempo à disposição do empregador ou tomador de serviços, nos termos da lei ou do contrato ou, ainda, de convenção ou acordo coletivo de trabalho ou sentença normativa. (destaques e grifos nossos).

No entanto, a depender dos motivos que ensejaram a autuação, é possível que nem todo o valor pago a título de PLR seja base de cálculo para a penalidade que será imposta. Como já tratamos no item 6.4, supra, com as alterações ocorridas na Lei 10.101/2000, especialmente nos parágrafos 8º e 9º do seu artigo 2º, a atual sistemática legal passou a prever que apenas os pagamentos efetuados em desacordo com a legislação seriam invalidados pela fiscalização (e não todo o montante pago).[90]

[88] Constituição Federal: "Art. 7º São direitos dos trabalhadores urbanos e rurais, além de outros que visem à melhoria de sua condição social: [...] XI — participação nos lucros, ou resultados, **desvinculada da remuneração**, e, excepcionalmente, participação na gestão da empresa, conforme definido em lei". (grifo nosso)

[89] § 9º Não integram o salário-de-contribuição para os fins desta Lei, exclusivamente: [...] j) a participação nos lucros ou resultados da empresa, **quando paga ou creditada de acordo com lei específica**; (grifo nosso).

[90] Lei nº 10.101/2000 [...] Art. 2° [...] § 8º A inobservância à periodicidade estabelecida no § 2º do art. 3º desta Lei invalida exclusivamente os pagamentos feitos em desacordo com a norma, assim entendidos: (Incluído pela Lei nº 14.020, de 2020)
I — os pagamentos excedentes ao segundo, feitos a um mesmo empregado, no mesmo ano civil; e (Incluído pela Lei nº 14.020, de 2020)

De todo modo, cumpre ressaltar que, além da exigência sobre a contribuição previdenciária patronal de 20% (vinte por cento), dos Riscos Ambientais do Trabalho — RAT (1, 2 ou 3%), a depender de cada empresa, a Receita Federal também poderá exigir outras contribuições devidas à Seguridade Social, tais como: Salário-Educação, SENAC/SESC, SESI/SENAI, SEBRAE e INCRA, as quais podemos afirmar que, em média, giram em torno de mais 5,8% (cinco inteiros e oito décimos por cento). Vale lembrar que, em tal processo administrativo, também é habitual a incidência da multa de ofício e juros de mora sobre o montante, o que torna a autuação fiscal muito onerosa para as empresas.

Nos termos do artigo 9º do Decreto nº 70.235/1972, ressalta-se que:

> "A exigência do crédito tributário e a aplicação de penalidade isolada serão formalizados em autos de infração ou notificações de lançamento, distintos para cada tributo ou penalidade, os quais deverão estar instruídos com todos os termos, depoimentos, laudos e demais elementos de prova indispensáveis à comprovação do ilícito".

Assim, os autos de infração, na esfera da RFB e a Notificação Fiscal de Lançamento de Débito (NFDL), no âmbito do Instituto Nacional do Seguro Social — INSS, são os tipos de documentação fiscal utilizados pela autoridade administrativa para formalizar os atos de imposição. Ambas as espécies podem apresentar atos de imposição relativos a diferentes relações jurídicas, por vezes não sancionatórias, como o lançamento, e em outras ocasiões sancionatórias, como é a aplicação de multa por inadimplemento.[91]

Conforme Instrução Normativa nº 971, de 13 de novembro de 2009 da RFB, cumpre trazer a conceituação administrativa do auto de infração e das notificações de lançamento:

> Art. 460. São documentos de constituição do crédito tributário relativo às contribuições de que trata esta Instrução Normativa:

II — os pagamentos efetuados a um mesmo empregado, em periodicidade inferior a 1 (um) trimestre civil do pagamento anterior. (Incluído pela Lei nº 14.020, de 2020)

§ 9º Na hipótese do inciso II do § 8º deste artigo, mantém-se a validade dos demais pagamentos. (Incluído pela Lei nº 14.020, de 2020)

[91] Marins, James. *Direito processual tributário brasileiro: administrativo e judicial,* 12. ed. rev. atual., São Paulo: Thomson Reuters Brasil, 2019, p. 207.

> [...]
>
> III — Auto de Infração (AI), é o documento constitutivo de crédito, inclusive relativo à multa aplicada em decorrência do descumprimento de obrigação acessória, lavrado por AFRFB e apurado mediante procedimento de fiscalização;
>
> IV — Notificação de Lançamento (NL), é o documento constitutivo de crédito expedido pelo órgão da Administração Tributária;
>
> [...]

Ante o exposto, restam evidentes os graves prejuízos que podem vir a ser suportados pelas empresas contribuintes em processo fiscalizatório de PLR, tendo em vista que a descaracterização da natureza jurídica dessa verba atrai a incidência das contribuições previdenciárias sobre os valores pagos em desacordo com a lei, além de multa de ofício e juros de mora.

Portanto, a tarefa árdua que se impõe é a de se conduzir a negociação e o acordo de PLR em consonância com o ordenamento jurídico, sem olvidar dos relevantes aspectos já enfrentados na jurisprudência existente sobre a matéria.

7.1 IRPJ e CSLL: dedutibilidade das despesas de PLR no regime do Lucro Real

Outro aspecto relevante a se considerar no pagamento da Participação dos Lucros ou Resultados — PLR é que, via de regra, os valores despendidos a esse título podem ser deduzidos do resultado do período-base, para efeitos da determinação do Lucro Real, base de cálculo do Imposto de Renda da pessoa jurídica — IRPJ, bem como do Resultado Ajustado, base de cálculo da Contribuição Social sobre o Lucro Líquido — CSLL, no caso da renda apurada pela pessoa jurídica ser tributada em bases reais.

A Lei nº 10.101/2000 autoriza tal dedução, conforme se verifica no parágrafo 1º do seu artigo 3º:

> Art. 3º A participação de que trata o art. 2º não substitui ou complementa a remuneração devida a qualquer empregado, nem constitui base

de incidência de qualquer encargo trabalhista, não se lhe aplicando o princípio da habitualidade.

§ 1... Para efeito de apuração do lucro real, **a pessoa jurídica poderá deduzir como despesa operacional as participações atribuídas aos empregados nos lucros ou resultados,** nos termos da presente Lei, dentro do próprio exercício de sua constituição. (destaques nossos)

A regra acima transcrita foi reproduzida no artigo 371 do Regulamento do Imposto de Renda de 2018[92]. Além disso, aproveitamos para destacar outros dois relevantes artigos do referido Regulamento, importantes ao tema em análise:

Despesas necessárias

Art. 311. São operacionais as despesas não computadas nos custos, necessárias à atividade da empresa e à manutenção da fonte produtora (Lei nº 4.506, de 1964, art. 47, caput).

§ 1º São necessárias as despesas pagas ou incorridas para a realização das transações ou operações exigidas pela atividade da empresa (Lei nº 4.506, de 1964, art. 47, § 1º)

§ 2º As despesas operacionais admitidas são as usuais ou normais no tipo de transações, operações ou atividades da empresa (Lei nº 4.506, de 1964, art. 47, § 2º).

§ 3º O disposto neste artigo aplica-se também às **gratificações pagas aos empregados,** independentemente da designação que tiverem.

[...]

92 "Art. 371. Para fins de apuração do lucro real, a pessoa jurídica poderá deduzir como despesa operacional as participações atribuídas aos empregados nos lucros ou nos resultados, observado o disposto na Lei nº 10.101, de 19 de dezembro de 2000 , no próprio exercício de sua constituição (Lei nº 10.101, de 2000, art. 3º, § 1º) .
Parágrafo único. É vedado o pagamento de qualquer antecipação ou distribuição de valores a título de participação nos lucros ou nos resultados da empresa em mais de duas vezes no mesmo ano civil e em periodicidade inferior a um trimestre civil (Lei nº 10.101, de 2000, art. 3º, § 2º)".

> **Das participações dedutíveis**
>
> Art. 526. Podem ser deduzidas do lucro líquido do período de apuração as **participações nos lucros da pessoa jurídica** (Decreto-Lei nº 1.598, de 1977, art. 58, caput):
>
> I — asseguradas as debêntures de sua emissão; e
>
> II — **atribuídas aos seus empregados**, sem discriminações, a todos que se encontrem na mesma situação, por dispositivo do estatuto ou do contrato social, ou por deliberação da assembleia de acionistas ou sócios quotistas,. **observado o disposto na Lei nº 10.101, de 2000, e no art. 371**. (destaques e grifos nossos)

Não obstante essas disposições, em algumas situações, ao fiscalizar os acordos de PLR, a RFB já manifestou o entendimento de que, caso se constate que a implantação da PLR não seguiu rigorosamente os requisitos da Lei nº 10.101/2000, tais deduções não poderiam ter ocorrido. Por consequência, o Fisco lavra autuação em face das Contribuintes, realizando a glosa dos valores deduzidos na apuração das bases de cálculo reais do IRPJ (Lucro Real) e da CSLL (Resultado Ajustado).

No ano de 2012, uma situação como essa foi analisada no Acórdão nº 1402-001.135, da 4ª Câmara, 2ª Turma Ordinária, do CARF[93]. Alegou a autoridade fiscal que os planos de PLR dos períodos apurados apresentavam condições que violavam a lei disciplinadora da PLR vigente naquela ocasião, tais como: assinatura só no final dos anos-bases; ausências de regras claras e objetivas; Comissão formada sem a participação de representante sindical, dentre outros. Dessa forma, a fiscalização adicionou, de ofício, ao lucro real e à base de cálculo da CSLL, todos os valores que haviam sido deduzidos a título de PLR, além de exigir as contribuições previdenciárias sobre o montante pago.

A contribuinte contestou todas as alegações relativas aos pontos levantados nos instrumentos de PLR e, ainda, alegou viés contraditório no procedimento fiscal, pois, em seu ponto de vista, não poderia o Auditor-Fiscal ter considerado que os valores pagos como PLR teriam

[93] BRASIL. Conselho Administrativo de Recursos Fiscais — CARF, 4ª Câmara, 2ª Turma Ordinária. Recurso de Ofício e Voluntário. Processo nº 16327.001466/2010-60. Acórdão nº 1402-001.135, relator Antônio José Praga de Souza, Data da Sessão: 08/08/2012.

natureza salarial (sendo devidas contribuições previdenciárias) e, simultaneamente, entender que tais valores seriam indedutíveis das bases de cálculo do IRPJ e da CSLL, uma vez que salários são despesas operacionais indubitavelmente dedutíveis.

O Relator deu razão à tese da contribuinte. À época da decisão, estava vigente o Regulamento do Imposto de Renda de 1999[94]. Contudo, para fins da presente análise, vale ressaltar que os dispositivos centrais que nortearam a decisão acima citada continuaram a existir no novo RIR/2018. Para fins de comparação, os artigos do Regulamento atual são os que foram anteriormente citados (artigos 311, 371 e 526).

O julgador administrativo fez considerações a respeito das regras que devem ser observadas para o enquadramento de critérios de legitimação de despesas consideradas dedutíveis, concluindo que a PLR estaria em consonância com tal tipificação jurídica. De igual modo, asseverou que a mera descaracterização da verba paga sob a rubrica de PLR, tem o efeito principal de atrair a incidência de contribuições previdenciárias, e votou para cancelar a glosa das deduções de IRPJ e CSLL, por entender que estas seguem regramento próprio.

A decisão em comento foi ementada do seguinte modo no tópico em análise:

> ASSUNTO: IMPOSTO SOBRE A RENDA DE PESSOA JURÍDICA IRPJ. Ano-calendário:2005, 2006, 2007, 2008
>
> (...) PARTICIPAÇÃO DOS EMPREGADOS NOS LUCROS OURESULTADOS. DEDUTIBILIDADE COM FULCRO NOS ART. 299 E 462 DO RIR/99. As parcelas pagas aos empregados a título de participação nos lucros ou resultados, decorrentes de acordos coletivos de trabalho, que atendem ao disposto no art. 462 do RIR/99, podem ser deduzidas na apuração do IRPJ e CSSL, pois, enquadram-se como despesas necessárias à luz do art.299 do RIR/99, à medida que são relevantes para formação do resultado da empresa. **Irrelevante, portanto, o atendimento aos requisitos específicos da Lei 10.101/2000.** (grifos e destaques nossos)

[94] RIR/1999, aprovado pelo Decreto nº 3.000, de 26 de março de 1999.

Este tema também foi analisado pela CSRF do CARF, conforme Acórdão nº 9101-003.082, de 13 de setembro de 2017, da 1ª Turma[95], em decorrência de Recurso Especial interposto pela Fazenda Nacional.

Nesse caso, após o procedimento fiscal, a Receita Federal lavrou Auto de Infração de IRPJ e CSLL por entender serem indedutíveis as despesas realizadas pela Contribuinte com o pagamento de participação os lucros ou resultados — PLR, pois a fiscalizada não teria observado integralmente as diretrizes da Lei nº 10.101/2000, a saber: a) não comprovou a eleição do representante dos empregados na composição do comitê que elaborou o programa de PLR; b) inexistência de participação de representante indicado pelo sindicato dos empregados em tal comitê.

A Contribuinte rebateu as alegações do Fisco, ao afirmar, em resumo, que a Lei da PLR não exige eleição de empregados para o comitê (comissão) que conduz as tratativas negociais e, ainda, afirmou que os trabalhadores aprovaram o programa em questão.

De início, a Relatora Daniele Souto Rodrigues Amadio registrou que a autuação teria se embasado no artigo 299 do RIR/99 (atual 311 do RIR/2018) e na Lei nº 10.101/2000. Entretanto, afirmou a julgadora que as despesas de PLR eram dedutíveis pelas regras já previstas no RIR, sendo que as exigências da fiscalização não teriam o condão de retirar essa condição.

Em seguida, a julgadora faz ampla análise a respeito do artigo 299 do RIR/99 (atual art. 311 do RIR/2018). Com base na redação do referido dispositivo legal, afirmou que as despesas, para que sejam consideradas como dedutíveis, devem ser "*pagas ou incorridas para a realização das transações ou operações requeridas pela atividade da empresa, de modo normal e usual, o que significa, portanto, que ao menos quatro diferentes critérios devem ser analisados*".

O primeiro critério analisado foi a dedutibilidade das despesas. Esclareceu a Relatora ser necessário que estas não sejam contabilizadas como custos, de modo que "*não correspondam à troca de recursos preexistentes no ativo da pessoa jurídica, ou mesmo à contração de dívidas, para a aquisição de um bem ou direito*".

[95] BRASIL. Conselho Administrativo de Recursos Fiscais — CARF, CSRF 1ª Turma. Recurso Especial do Procurador. Processo nº 12448.720485/2010-61. Acórdão nº 9101-003.082, relatora Daniele Souto Rodrigues Amadio, Data da Sessão: 13/09/2017.

O segundo requisito diz respeito à necessidade ou não das despesas, pois apenas as necessárias podem ser deduzidas. Segundo a julgadora, o RIR/99 exigia que para tal configuração, o aspecto mínimo a ser observado seria a relação das despesas com as efetivas atividades da empresa ou sua fonte de produção, pois, a seu ver, ultrapassar tal condição seria impor condição inexistente em lei. Assim, asseverou que "*atendidas as condições impostas pela legislação, esse desconto independe de algo que declare especificamente as despesas como dedutíveis*".

No que se refere ao terceiro critério, a decisão trouxe a questão da "normalidade" das despesas, de tal modo que os gastos sejam costumeiros naquele ramo de atividade ou na operação realizada. Além disso, também destacou a importância de verificar se tais despesas eram usuais ou habituais e, assim, entendeu que tanto os aspectos de normalidade quanto de habitualidade estavam presentes no pagamento da PLR da Contribuinte.

Ainda, como quarto requisito, destacou a julgadora a necessidade da devida escrituração e possibilidade de comprovação das despesas, sendo imprescindível que estejam devidamente contabilizadas e que deve ser verificado se há norma legal que determine algum meio específico de prova, ou seja, que tal despesa seja provada por algum documento específico.

Após tais esclarecimentos, a Relatora concluiu que tanto analisando os pagamentos efetuados sob a ótica de gratificações ou de participação nos lucros ou resultados, as despesas sob esse título possuíam as características legais que ensejam o direito à dedutibilidade nas bases de cálculo de IRPJ e CSLL, não sendo possível afastar tais atributos pela mera discussão sobre a eleição de empregados no Comitê (Comissão) responsável por negociar a PLR.

Ao final, o acórdão ora analisado restou assim ementado[96]:

> ASSUNTO: IMPOSTO SOBRE A RENDA DE PESSOA JURÍDICA IRPJ. Ano-calendário: 2006, 2007, 2008
>
> DEDUTIBILIDADE DE DESPESAS COM PARTICIPAÇÃO NOS LUCROS E RESULTADOS PLR.

[96] BRASIL. Conselho Administrativo de Recursos Fiscais — CARF, CSRF 1ª Turma. Recurso Especial do Procurador. Processo nº 12448.720485/2010-61. Acórdão nº 9101-003.082, relatora Daniele Souto Rodrigues Amadio, Data da Sessão: 13/09/2017.

> A dedutibilidade de despesas com Participação nos Lucros e Resultados PLR submete-se à regra geral do artigo 299 do Decreto nº 3000/99, que exige a identificação de sua necessidade, registro como despesa conforme o regime de competência e comprovação de sua efetividade.

Considerando a fundamentação utilizada nos julgados acima e tendo em vista que foram amparadas no RIR/1999, fizemos uma comparação com as disposições com o RIR/2018 (Decreto nº 9.580/2018) sobre o assunto.

Na análise, percebemos que os artigos 299, 359 e 462 do RIR/1999 foram reproduzidos, com tênues ajustes, nos artigos 311, 371 e 526 do RIR/2018, respectivamente, sendo a principal diferença percebida é que, agora, passou a constar referência expressa à Lei nº 10.101, de 2000 (nos artigos 371 e 526).

Ante o exposto, verifica-se que os contribuintes, amparados na própria jurisprudência do CARF, possuem relevantes argumentos para contestar autuações da Receita Federal que venham a glosar a dedutibilidade dos valores pagos a título de PLR das bases de cálculo do IRPJ e CSLL.

7.2 Outros riscos — FGTS e reflexos trabalhistas

As consequências de aspectos trabalhistas decorrentes da desqualificação dos valores pagos a título de PLR (ou seja, tornar a referida verba como se tivesse natureza salarial), são ainda timidamente tratados na doutrina, de forma geral.

A questão que se coloca é, relativamente, simples. Como já visto, a Constituição Federal e a Lei nº 10.101/2000 asseguram que a PLR é uma verba desvinculada da remuneração (salários) e, por tal razão, não são exigíveis as contribuições previdenciárias sobre os valores pagos sob essa rubrica. Ocorre que, se a RFB concluir em um processo fiscalizatório que o acordo de PLR não seguiu estritamente todo o regramento legal, haverá a descaracterização dos valores pagos, de modo que serão tratados como se salário fossem e, portanto, o Fisco exigirá o recolhimento das contribuições previdenciárias.

De modo reflexo e indireto, é razoável concluir que, a partir do instante em que o montante pago a título de PLR deixa de ter essa natureza e passa a ser considerado como uma remuneração regular, também se tornariam exigíveis os valores de Fundo de Garantia por Tempo de Serviço — FGTS. Sem prejuízo, outras parcelas trabalhistas seriam devidas em tal cenário, como a repercussão/incidência dos valores pagos em férias, 13º salários, horas extras, dentre outros.

Na seara legal, a Lei nº 8.036/1990 dispõe as normas gerais aplicáveis sobre o FGTS e a Lei nº 8.844/1994 estabelece as regras de fiscalização, apuração e cobrança judicial das contribuições e multas devidas ao referido Fundo. Vale notar que a Receita Federal, costumeiramente, não realiza suas fiscalizações tributárias de PLR de forma integrada com as equipes de auditoria-fiscal trabalhista.

O artigo 23 da Lei nº 8.036/90 foi alterado pela Lei 13.932/2019, e, por oportuno, destacamos parte de sua redação:

> Art. 23. Competirá à Secretaria Especial de Previdência e Trabalho do Ministério da Economia a verificação do cumprimento do disposto nesta Lei, especialmente quanto à apuração dos débitos e das infrações praticadas pelos empregadores ou tomadores de serviço, que os notificará para efetuarem e comprovarem os depósitos correspondentes e cumprirem as demais determinações legais. (Redação dada pela Lei nº 13.932, de 2019)
>
> § 1º Constituem infrações para efeito desta lei:
>
> I — não depositar mensalmente o percentual referente ao FGTS, bem como os valores previstos no art. 18 desta Lei, nos prazos de que trata o § 6o do art. 477 da Consolidação das Leis do Trabalho — CLT; (Redação dada pela Medida Provisória nº 2.197-43, de 2001)
>
> II — omitir as informações sobre a conta vinculada do trabalhador;
>
> III — apresentar as informações ao Cadastro Nacional do Trabalhador, dos trabalhadores beneficiários, com erros ou omissões;
>
> **IV — deixar de computar, para efeito de cálculo dos depósitos do FGTS, parcela componente da remuneração;**
>
> **V — deixar de efetuar os depósitos e os acréscimos legais, após ser notificado pela fiscalização**; e (Redação dada pela Lei nº 13.932, de 2019)

> VI — deixar de apresentar, ou apresentar com erros ou omissões, as informações de que trata o art. 17-A desta Lei e as demais informações legalmente exigíveis. (Incluído pela Lei nº 13.932, de 2019)
>
> [...] (destaques nossos)

Com base no artigo 23, IV e V, nos parece que a auditoria-fiscal trabalhista poderia se utilizar da fiscalização conduzida pela Receita Federal, para, de modo reflexo, exigir o recolhimento de FGTS sobre a integralidade do valor pago a título de PLR, o que aumentaria em mais 8% (oito por cento) o custo dessa despesa, sem adentrarmos em outras consequências, como multa e juros de mora.

Tendo em vista que os principais beneficiários do recolhimento de FGTS sobre a PLR desqualificada pela fiscalização seriam os próprios trabalhadores, nos parece que o Fisco não tem atribuído muita atenção nesse tópico.

Convém ressaltar, no entanto, que isso não significa que os próprios trabalhadores não comecem a se interessar pelo assunto, passando, por exemplo, a mover ações coletivas por meio de seus sindicatos para pleitear o FGTS nas situações que tomarem conhecimento que a Receita Federal desqualificou a natureza especial da PLR paga por seus empregadores, equiparando tal verba a remuneração regular (salários).

Como o FGTS é verba de inequívoca natureza trabalhista, nos parece que seria possível aos trabalhadores interessados, de forma individual ou coletivamente, ingressar diretamente com a respectiva demanda para apreciação perante a Justiça do Trabalho.

Em 2017, o Tribunal Superior do Trabalho (TST), ao analisar a situação de um reclamante que alegou que o seu empregador lhe pagava "comissões" sob o disfarce de PLR, a Corte Trabalhista entendeu serem devidos os reflexos sob tal rubrica, considerando como parte integrante da remuneração do empregado, conforme se verifica na ementa a seguir[97]:

[97] BRASIL. Tribunal Superior do Trabalho. 3ª Turma. Embargos de Declaração em Recurso de Revista — ED-RR-1519-07.2013.5.10.0016, relator Ministro Alexandre de Souza Agra Belmonte, DEJT 20/10/2017.

> "EMBARGOS DE DECLARAÇÃO. RECURSO DE REVISTA. RECONHECIMENTO DA NATUREZA SALARIAL DA PLR. INTEGRAÇÃO À REMUNERAÇÃO. Ao contrário do que alega a embargante, a decisão embargada não padece de omissão no tocante à indicação de ofensa a dispositivo de lei lançada em contrarrazões. Todavia, para que não se alegue nulidade por negativa de prestação jurisdicional, cumpre que se esclareça que **a decisão desta Corte que determinou a integração da parcela paga "por fora" na remuneração da autora e reflexos em 13º salários, férias acrescidas de 1/3 e FGTS, não viola o citado artigo 2º da Lei 10.101/2000, diante da constatação de que a empresa se utilizada da parcela PLR com o propósito de pagar verdadeiras comissões aos seus empregados, com o objetivo de burlar a legislação trabalhista.** Embargos de declaração conhecidos e providos apenas para prestar esclarecimentos, sem alteração do julgado " (grifos e destaques nossos)

Em um outro caso também apreciado na esfera trabalhista, a Auditoria-Fiscal do Trabalho lavrou auto de infração para o recolhimento de FGTS em face de uma Cooperativa por entender que ela não teria direito de se beneficiar das regras da Lei nº 10.101/200, em razão do regramento especial que tal instituição é submetida.

Assim, mesmo que a Cooperativa tivesse demonstrado que a PLR foi paga em razão de acordo firmado com o respectivo sindicato que abrangia a representação dos trabalhadores, entendeu a autoridade fiscal que os valores pagos seriam, na verdade, uma espécie de "Gratificação de Produtividade", com natureza salarial, portanto.

Em primeira instância, ao apreciar a ação movida pela Cooperativa, o Juiz do Trabalho deu razão à União e manteve o auto de infração, conforme fundamentos ora destacados[98]:

> A tese defendida pela União a fls. 96-v é a de que a distribuição de lucros foi levada a efeito não por uma empresa, mas por uma cooperativa, que tem regramento próprio e este mostra-se incompatível com a livre distribuição do seu "lucro", que no caso das cooperativas, denomina-se

[98] BRASIL. Tribunal Regional do Trabalho da 10ª região. 17ª Vara do Trabalho. Sentença no processo nº 0000616-95.2015.5.10.0017, Juiz do Trabalho Jonathan Quintão Jacob, DEJT 11/12/2015.

> "sobra". Sustenta também o ente público que o fim da autora não visa o lucro. **Como não visa o lucro, a parcela paga pela autora se traduz em gratificação de produtividade, ensejando, assim, a incidência de recolhimentos de FGTS.** (...) A participação nos lucros foi deferida aos empregados da cooperativa e não aos cooperados. O art. 62, §2º de fls. 57 expressamente diz que as sobras líquidas serão distribuídas aos associados na proporção direta de suas operação e serviços realizados, salvo deliberação em contrário da Assembléia Geral. Como pontuado pela reclamada, na ata da Assembléia Geral (cf. item 'b', fls. 38/39, verifica-se que não houve deliberação para destinação aos funcionários das 'sobras' na forma de participação nos lucros (fls. 97). Assim, não há de se falar em natureza indenizatória da parcela em questão. **Nesse passo, não se aplica a lei nº 10.101/2000, sendo perfeitamente válido o auto de infração nº 024267660.** (destaques nossos)

Inconformada, a Cooperativa recorreu ao Tribunal Regional do Trabalho (TRT) da 10ª Região, visando obter a nulidade do auto de infração, bem como uma declaração judicial de reconhecimento ao seu direito de usufruir da Lei nº 10.101/2000, e, assim, que pudesse ter segurança jurídica para negociar a PLR com o sindicato representativo de seus empregados.

O TRT apoiou-se no artigo 91 da Lei das Cooperativas, o qual dispõe que as cooperativas "igualam-se às demais empresas em relação aos seus empregados para os fins da legislação trabalhista e previdenciária".

Além disso, o próprio Ministério Público do Trabalho (MPT) manifestou-se favorável ao recurso interposto, ao asseverar que deveria ser prestigiada a iniciativa da Cooperativa, por ter formulado todo o processo com o sindicato da categoria profissional e que caberia ao Estado estimular esse tipo de prática no âmbito das relações trabalhistas. O *Parquet*, afirmou, ainda, que a pretensão estatal se revelava equivocada, pois teria o efeito prático de desestimular a iniciativa patronal.

Por fim, o TRT reverteu a decisão da instância inferior, reconhecendo a aplicabilidade da Lei nº 10.101/2000 à Cooperativa e, também, cancelou o auto de infração de recolhimento de FGTS que havia sido lavrado. Verificamos que a União recorreu ao TST, mas o Agravo de Instrumento de Recurso Revista não teve seu seguimento aprovado e, desse modo, a decisão do TRT transitou em julgado. Por pertinente, segue a ementa do acórdão do TRT[99]:

> COOPERATIVA. PAGAMENTO DE PLR. ACT. NATUREZA INDENIZATÓRIA. AUSÊNCIA DE RECOLHIMENTO DE FGTS. A recorrente firmou Acordo Coletivo de Participação nos Resultados com o Sindicato da categoria, em observância à determinação contida no inciso II, do art. 2º, da Lei nº 10.101/2000. **Ante a natureza indenizatória do PLR, não incidem quaisquer encargos trabalhistas sobre a citada parcela, inclusive FGTS.** Recurso ordinário conhecido e provido. (destaques e grifos nossos)

Em vista de tais ponderações, percebe-se que a imposição legal, por parte da fiscalização trabalhista, para o recolhimento de FGTS em razão da desconsideração da natureza da PLR pela RFB ainda não é uma prática consolidada. Porém, como ponto de alerta, com a maior integração de sistemas informatizados de inteligência, é natural que as fiscalizações tributária e trabalhista estejam cada vez mais próximas e com troca constante de informações.

Tal condição tem a possibilidade de aumentar, e muito, os valores já vultosos das autuações decorrentes da não observância das regras da Lei 10.101/2000 na instituição dos programas de PLR, pois, além das contribuições previdenciárias, passariam a ser exigidos também os recolhimentos do FGTS.

7.3 IRPF do trabalhador que recebe PLR

A Lei nº 10.101/2000 trouxe uma tabela especial para fins de incidência do IRPF aos trabalhadores que recebem a PLR.

A última alteração dessa tabela, por sua vez, foi realizada pela Lei nº 12.832/2013, cujos valores e alíquotas são os seguintes:

[99] BRASIL. Tribunal Regional do Trabalho — 10ª Região. Terceira Turma. Recurso Ordinário 0000616-95.2015.5.10.0017, relatora Marcia Mazoni Curcio Ribeiro, Data da Sessão: 25/01/2017.

PARTICIPAÇÃO NOS LUCROS
TABELA DE TRIBUTAÇÃO EXCLUSIVA NA FONTE

VALOR DO PLR ANUAL (EM R$)	ALÍQUOTA	PARCELA A DEDUZIR DO IR (EM R$)
de 0,00 a 6.000,00	0%	-
de 6.000,01 a 9.000,00	7,5%	450,00
de 9.000,01 a 12.000,00	15%	1.125,00
de 12.000,01 a 15.000,00	22,5%	2.025,00
acima de 15.000,00	27,5%	2.775,00

Destaca-se que a PLR possui tributação na fonte, separada dos demais rendimentos auferidos pelo trabalhador. Assim, os valores recebidos a esse título, por expressa determinação legal, são tributados exclusivamente na fonte, não integrando assim os rendimentos sujeitos à tributação na Declaração de Ajuste Anual do IRPF.[100]

Como se percebe, trata-se de uma tabela progressiva consideravelmente mais vantajosa que a tabela regular de pagamento de remuneração (salários), pois, de forma muito atrativa, o valor recebido como PLR até R$ 6.000,00 é isento de IRPF e, no caso de salários, a partir de R$ 4.664,68 a alíquota de incidência já é de 27,5%, com parcela a deduzir de R$ 869,36.[101]

Tendo por parâmetro essas considerações, nos parece pertinente ponderar sobre quais seriam as consequências para um empregado que recebeu a PLR e, posteriormente, a Receita Federal autuou a empresa empregadora (fonte pagadora) por entender que o programa de PLR estava em desacordo com a Lei nº 10.101/2000.

Em tal situação, por óbvio, presume-se que o trabalhador recebeu de boa-fé os valores que foram pagos a título de PLR e, portanto, a tribu-

[100] Conforme Lei nº 10.101/2000, artigo 3º, parágrafo 5º : A participação de que trata este artigo será tributada pelo imposto sobre a renda exclusivamente na fonte, em separado dos demais rendimentos recebidos, no ano do recebimento ou crédito, com base na tabela progressiva anual constante do Anexo e não integrará a base de cálculo do imposto devido pelo beneficiário na Declaração de Ajuste Anual.

[101] Disponível em: https://receita.economia.gov.br/acesso-rapido/tributos/irpf-imposto-de-renda-pessoa-fisica. Acesso em: 16 jun. 2020.

tação efetuada pela empregadora na fonte estaria correta, pois seguiu a tabela acima indicada.

Entretanto, fica o questionamento: com a desqualificação da PLR paga pelo empregador e, tendo a RFB considerando tal verba como se salário fosse, estaria também o trabalhador sujeito a recalcular o seu IPRF na Declaração de Ajuste Anual? Ou, ainda, caso o trabalhador venha a sofrer prejuízos (para os quais, em tese, não concorreu), poderia acionar o seu empregador na Justiça do Trabalho para exigir perdas e danos pelos transtornos causados em relação ao seu IRPF?

São discussões que, por enquanto, ainda estão fora do radar, pois o foco do Fisco, até o momento, tem sido exclusivamente as pessoas jurídicas. Mas, por exemplo, no caso de altos executivos, que recebem valores expressivos a depender da empresa e segmento em que atuam, nos parece que a fiscalização também pode passar a ver de outro modo tais pagamentos, de modo reflexo.

CONCLUSÕES

Não há dúvidas que a Participação nos Lucros ou Resultados — PLR está consagrada no Direito brasileiro, bem como no cotidiano de relevante parte das empresas. A evolução histórica nos revela que, não obstante o assunto ter sido trazido desde a Constituição Federal de 1946, foi apenas após a Constituição Federal de 1988 que a matéria restou regulamentada por Medida Provisória em 1994, a qual passou por inúmeras reedições até sua conversão em lei no ano de 2000.

Insta destacar que, em 2014, o plenário do STF analisou um processo antigo relativo a uma contribuinte que havia concedido a seus empregados uma PLR no período posterior à Carta Magna de 1988 e anterior à Medida Provisória citada. Na ocasião, a Suprema Corte decidiu a favor do INSS e entendeu que, mesmo tendo a empresa se apoiado na regra prevista no art. 7º, inciso XI, da Constituição, seriam devidas as contribuições previdenciárias sobre o montante pago, pois a norma constitucional, apesar de prever que a PLR está desassociada da remuneração, exigia a regulamentação prévia da matéria para a produção de efeitos. Assim, uma empresa pioneira, que já naquela oportunidade teve a iniciativa de pagar a participação nos lucros e resultados antes da regulamentação legal, acabou sendo penalizada.

Ultrapassado esse momento histórico, o que se verifica é que, mesmo após a regulamentação do tema por Medidas Provisórias sucessivas e da publicação da Lei nº 10.101/2000, a desvinculação da verba paga a título de PLR da remuneração dos empregados é assunto que, ainda na atualidade, permanece causando insegurança jurídica para as empresas.

Houve inegável avanço com a publicação da Lei em destaque, com a definição das diretrizes para a instituição, formalização e pagamento da PLR. Contudo, ocorre que a dinâmica das negociações entre as empresas e os empregados, seja por meio da Comissão Paritária ou pelos sindicatos, nem sempre encontra amparo nas situações práticas a que estão sujeitas no processo negocial.

Por tais razões, cada empresa, dentro da sua realidade, tem o seu jeito único de conduzir este assunto. Como consequência, o contexto de cada acordo de PLR é praticamente exclusivo, ante a multiplicidade de segmentos econômicos existentes numa sociedade altamente complexa.

A dificuldade está, justamente, em conduzir de forma rigorosa o processo de negociação de PLR dentro das regras trazidas pela legislação e, ainda, conseguir se precaver de todas as interpretações que a Receita Federal tem feito dos dispositivos da Lei nº 10.101/2000. Como visto, há diversas situações em que os entendimentos do referido órgão fiscalizador são questionados nos âmbitos administrativo e judicial pelos contribuintes.

Com base em relevantes decisões administrativas do CARF e no âmbito judicial existentes, buscamos contribuir com informações de forma que as empresas e os empregados possam estar atentos, durante a formatação do acordo de PLR, a situações que podem causar transtornos e autuações tributárias que, como verificamos, pelos seus valores expressivos, podem impactar profundamente no caixa das organizações, causando prejuízos inestimáveis.

Vários julgados foram abordados a respeito dos principais temas que são analisados pela RFB durante uma fiscalização que busque averiguar a aderência do acordo de PLR à legislação. Restou evidente que há temas e itens que já se encontram mais consolidados, mas também verificamos outros assuntos que comportam interpretações totalmente divergentes entre os julgadores do CARF, o que apenas reforça, repise-se, o persistente problema de insegurança jurídica.

É imperioso que as empresas e seus dirigentes tenham maior conscientização ao conduzir as negociações sobre a Participação nos Lucros e Resultados — PLR.

Os profissionais designados a conduzir as discussões e o fechamento dos acordos devem estar capacitados e ter pleno conhecimento de que falhas envolvendo a elaboração e definição de documentos, prazos, regras, critérios e outros detalhes durante o processo podem causar consequências danosas quando submetidas ao crivo da fiscalização tributária. Como sabemos, tais equívocos podem atrair a incidência de contribuições previdenciárias sobre todo o montante pago sob a rubrica de PLR (ou parte dele), além de multa e juros de mora, bem como na glosa de dedutibilidades do IRPJ e CSLL no regime do lucro real e, ainda, eventualmente em reflexos de FGTS.

Por último e não menos importante, nos parece imprescindível que a Lei nº 10.101/2000, sempre que necessário, passe por um natural aperfeiçoamento e revisão, de modo a reduzir tantas margens de interpretação aos seus dispositivos. Particularmente, somos favoráveis que o regramento estatal seja o mínimo, apenas com diretrizes essenciais, cabendo às partes (empresa e empregados), estabelecerem todas as demais regras e condições nos instrumentos jurídicos de formalização dos acordos de Participação nos Lucros e Resultados — PLR.

As recentes alterações legais introduzidas na Lei nº 10.101/2000 procuraram abordar diversos pontos controvertidos da redação anterior que resultavam em autuações e, posteriormente, em julgamentos do CARF. Não há dúvidas que tais novidades demonstram o inequívoco objetivo de redução do litígio que envolve a matéria, de modo que a PLR seja um instrumento cada vez mais utilizado pelas empresas, com a devida segurança jurídica.

A seriedade e importância desse assunto são inquestionáveis para as partes envolvidas e, dessa forma, a devida pacificação da matéria é medida que se faz necessária por meio da efetiva atuação e permanente vigilância por parte do Poder Legislativo.

REFERÊNCIAS

ANDRADE FILHO, Edmar Oliveira. *Imposto de Renda das Empresas*, 13. ed., São Paulo: Atlas, 2018.

BALERA, Wagner; SIMÕES, Thiago Taborda. *Participação nos Lucros e nos Resultados: natureza jurídica e incidência previdenciária.* São Paulo: Thomson Reuters, 2014.

CAMPINHO, Fabio de Almeida Rego. *Participação nos lucros ou resultados: subordinação e gestão da subjetividade*, São Paulo: LTr, 2009.

DELGADO, Mauricio Godinho. *Curso de Direito do Trabalho*, 11. ed., São Paulo: LTR, 2012.

DELLA ROSA, Fernanda. *Participação nos Lucros ou Resultados: a Grande Vantagem Competitiva.* 2. ed., São Paulo: Atlas, 2004.

GARCIA, Gustavo Filipe Barbosa. *Curso de Direito do Trabalho.* 4. ed. rev., atual. e ampl., Rio de Janeiro: Forense, 2010.

GARRIDO, Laercio M. *Participação nos Lucros e Resultados*, São Paulo: Nobel, 1999.

HARADA, Kiyoshi. *Contribuições Sociais: doutrina e prática.* São Paulo, Atlas, 2015.

LENZA, Pedro. *Direito Constitucional Esquematizado.* 14. ed. rev. atual. e ampl. — São Paulo: Saraiva, 2010.

MARTINS, James. *Direito processual tributário brasileiro: administrativo e judicial*, 12. ed. rev. atual., São Paulo: Thomson Reuters Brasil, 2019.

MARTINS, Sergio Pinto. *Participação dos Empregados nos Lucros das Empresas.* 4. ed., São Paulo: Atlas, 2015.

________. *Direito do trabalho.* 23. ed., São Paulo: Atlas, 2007.

MURAYAMA, Janssen; LISBOA, Caius Henriques; DAHER, Igor. *O Plano de PLR à luz dos precedentes do CARF: dicas para evitar autuações.* Rio de Janeiro: Lumen Juris, 2016.

NASCIMENTO, Marcelo Mascaro. *Participação dos Empregados nos Lucros e Resultados da Empresa*. São Paulo: Saraiva, 2012.

OLIVON, Beatriz. Contribuintes conseguem barrar no CARF súmulas sobre ágio e PLR. Valor Econômico, 04 set. 2019. Disponível em: https://valor.globo.com/legislacao/noticia/2019/09/04/contribuintes-conseguem-barrar-no-carf-sumulas-sobre-agio-e-plr.ghtml. Acesso em: 26 abr. 2020.

OTTO, Nogami. PASSOS, Carlos Roberto Martins. *Princípios de economia*, 7. ed., São Paulo: Cengage Learning, 2018.

ROCHA, Valdir de Oliveira. *Participação dos Empregados nos Lucros*, São Paulo: Dialética, 1995.

SERGIO JOÃO, Paulo. *Participação nos Lucros ou Resultados das Empresas*. São Paulo: Dialética, 1998.

________. *PLR e a atuação limitada da Justiça do Trabalho em dissídio coletivo*. Disponível em: https://www.conjur.com.br/2018-out-05/reflexoes-trabalhistas-plr-atuacao-limitada-justica-trabalho-dissidio-coletivo. Acesso em: 21 abr. 2020.

TRISOTTO, Fernanda. Estatais usaram socorro do governo em despesas de rotina. E algumas até pagaram PLR. Gazeta do Povo, 12 mai. 2019. Disponível em: https://www.gazetadopovo.com.br/republica/estatais-socorro-governo-distribuem-plr. Acesso em: 23 mar. 2020.

JURISPRUDÊNCIA

BRASIL. Supremo Tribunal Federal. Primeira Turma. Recurso Extraordinário — RE 100.086-PE, relator Soares Muñoz, Data da Sessão: 18/06/1984.

BRASIL. Supremo Tribunal Federal. Segunda Turma. Recurso Extraordinário — RE 77.036-4, relator Aldir Passarinho, Data da Sessão: 19/11/1982.

BRASIL. Supremo Tribunal Federal. Plenário. Recurso Extraordinário — RE 569.441, relator Dias Toffoli, redator do acórdão Teori Zavascki, Data da Sessão: 30/10/2014.

BRASIL. Supremo Tribunal Federal. Plenário. Recurso Extraordinário — RE 393.764, relator Gilmar Mendes, Data da Sessão: 25/11/2008.

BRASIL. Supremo Tribunal Federal. Plenário. Recurso Extraordinário — RE 398.284, relator Menezes Direito, Data da Sessão: 19/12/2008.

BRASIL. Superior Tribunal de Justiça. Primeira Turma. Recurso Especial — REsp 840.328/MG, relator Teori Albino Zavascki, Data da Sessão: 05/09/2006.

BRASIL. Superior Tribunal de Justiça. Segunda Turma. Recurso Especial — REsp 496.949/PR, relator Herman Benjamin, Data da Sessão: 25/08/2009.

BRASIL. Tribunal Superior do Trabalho. 3ª Turma. Embargos de Declaração em Recurso de Revista — ED-RR-1519-07.2013.5.10.0016, relator Ministro Alexandre de Souza Agra Belmonte, DEJT 20/10/2017

BRASIL. Tribunal Regional Federal da 3ª Região. Segunda Turma. Apelação/Reexame Necessário 5001281-12.2017.4.03.6103, Relator Luiz Paulo Cotrim Guimarães. Data da Sessão: 01/10/2019.

BRASIL. Tribunal Regional do Trabalho — 10ª Região. Terceira Turma. Recurso Ordinário 0000616-95.2015.5.10.0017, Relatora Marcia Mazoni Curcio Ribeiro, Data da Sessão: 25/01/2017.

BRASIL. Tribunal Regional do Trabalho da 2ª região. Súmula 14. Volkswagen do Brasil Ltda. Participação nos lucros e resultados. Resolução nº 02/2013. Publicado no DO Eletrônico em 26/08/2013.

BRASIL. Tribunal Regional do Trabalho da 10ª região. 17ª Vara do Trabalho. Sentença no processo nº 0000616-95.2015.5.10.0017, Juiz do Trabalho Jonathan Quintão Jacob, DEJT 11/12/2015.

BRASIL. Conselho Administrativo de Recursos Fiscais — CARF, CSRF 2ª Turma. Recurso Especial do Procurador. Processo nº 13609.720204/2012-13. Acórdão nº 9202-008.355, relatora Maria Helena Cotta Cardozo, Data da Sessão: 19/11/2019.

BRASIL. Conselho Administrativo de Recursos Fiscais — CARF, CSRF 2ª Turma. Recurso Especial do Procurador. Processo nº 19515.006157/2008-32. Acórdão nº 9202-007.662, relatora Maria Helena Cotta Cardozo, Data da Sessão: 26/03/2019.

BRASIL. Conselho Administrativo de Recursos Fiscais — CARF, CSRF 2ª Turma. Recurso Especial do Contribuinte. Processo nº 15504.725354/2011-28. Acórdão nº 9292-005.705, relatora Ana Paula Fernandes, Data da Sessão: 29/08/2017.

BRASIL. Conselho Administrativo de Recursos Fiscais — CARF, CSRF 2ª Turma. Recurso Especial do Procurador e do Contribuinte. Processo nº 10510.003833/2009-72. Acórdão nº 9202-007.012, relatora Ana Paula Fernandes, Data da Sessão: 20/06/2018.

BRASIL. Conselho Administrativo de Recursos Fiscais — CARF, CSRF 2ª Turma. Recurso Especial do Contribuinte. Processo nº 16327.720779/2014-44. Acórdão nº 9202-008.338, relatora Maria Helena Cotta Cardozo, Data da Sessão: 20/11/2019.

BRASIL. Conselho Administrativo de Recursos Fiscais — CARF, CSRF 2ª Turma. Recurso Especial do Procurador. Processo nº 35366.001448/2005-07. Acórdão nº 9202-003.192, relator Gustavo Lian Haddad, Data da Sessão: 06/05/2014.

BRASIL. Conselho Administrativo de Recursos Fiscais — CARF, CSRF 2ª Turma. Recurso Especial do Procurador. Processo nº 10920.000091/2010-35. Acórdão nº 9202-008.465, relator Pedro Paulo Pereira Barbosa, Data da Sessão: 17/12/2019.

BRASIL. Conselho Administrativo de Recursos Fiscais — CARF, CSRF 2ª Turma. Recurso Especial do Contribuinte. Processo nº 16327.001054/2009-96. Acórdão nº 9202-007.609, relatora Elaine Cristina Monteiro e Silva Vieira, Data da Sessão: 26/02/2019.

BRASIL. Conselho Administrativo de Recursos Fiscais — CARF, CSRF 1ª Turma. Recurso Especial do Procurador. Processo nº 12448.720485/2010-61. Acórdão nº 9101-003.082, relatora Daniele Souto Rodrigues Amadio, Data da Sessão: 13/09/2017.

BRASIL. Conselho Administrativo de Recursos Fiscais — CARF, CSRF 2ª Turma. Recurso Especial do Contribuinte. Processo nº 19515.005660/2008-71. Acórdão nº 9202-007.471, relatora Ana Cecília Lustosa da Cruz, Data da Sessão: 29/01/2019.

BRASIL. Conselho Administrativo de Recursos Fiscais — CARF, CSRF 2ª Turma. Recurso Especial do Procurador e do Contribuinte. Processo nº 10805.723248/2013-63. Acórdão nº 9202-005.979, relator Luiz Eduardo de Oliveira Santos, Data da Sessão: 26/09/2017.

BRASIL. Conselho Administrativo de Recursos Fiscais — CARF, 2ª Câmara, 1ª Turma Ordinária. Recurso Voluntário. Processo nº 16327.721140/2014-86. Acórdão nº 2201-005.206, relator Carlos Alberto do Amaral Azeredo, Data da Sessão: 09/07/2019.

BRASIL. Conselho Administrativo de Recursos Fiscais — CARF, 4ª Câmara, 1ª Turma Ordinária. Recurso Voluntário. Processo nº 16327.721021/2014-23. Acórdão nº 2401-004.987, relator Carlos Alexandre Tortato, Data da Sessão: 08/08/2017.

BRASIL. Conselho Administrativo de Recursos Fiscais — CARF, 2ª Câmara, 1ª Turma Ordinária. Recurso Voluntário. Processo nº 16327.720071/2018-17. Acórdão nº 2201-005.314, relatora Debora Fofano dos Santos, Data da Sessão: 06/08/2019.

BRASIL. Conselho Administrativo de Recursos Fiscais — CARF, 2ª Câmara, 1ª Turma Ordinária. Recurso Voluntário. Processo nº 10283.720831/2013-59. Acórdão nº 2201-003.370, relator Carlos Henrique de Oliveira, Data da Sessão: 18/01/2017.

BRASIL. Conselho Administrativo de Recursos Fiscais — CARF, 4ª Câmara, 1ª Turma Ordinária. Recurso Voluntário. Processo nº 16327.721150/2014-11. Acórdão nº 2401-004.795, relator Cleberson Alex Friess, Data da Sessão: 10/05/2017.

BRASIL. Conselho Administrativo de Recursos Fiscais — CARF, 4ª Câmara, 2ª Turma Ordinária. Recurso de Ofício e Voluntário. Processo nº 16327.001466/2010-60. Acórdão nº 1402-001.135, relator Antônio José Praga de Souza, Data da Sessão: 08/08/2012.

BRASIL. Conselho Administrativo de Recursos Fiscais — CARF, 4ª Câmara, 1ª Turma Ordinária. Recurso Voluntário. Processo nº 16327.001625/2010-26. Acórdão nº 2401-004.218, relator André Luis Marsico Lombardi, Data da Sessão: 08/03/2016.

BRASIL. Conselho Administrativo de Recursos Fiscais — CARF, 2ª Câmara, 1ª Turma Ordinária. Recurso Voluntário. Processo nº 16327.720986/2017-41. Acórdão nº 2201-005.160, relatora Debora Fofano dos Santos, Data da Sessão: 05/06/2019.

BRASIL. Conselho Administrativo de Recursos Fiscais — CARF, 3ª Câmara, 1ª Turma Ordinária. Recurso Voluntário. Processo nº 16327.720678/2012-10 Acórdão nº 2301-004.747, relatora Alice Grecchi, Data da Sessão: 12/07/2016.

BRASIL. Conselho Administrativo de Recursos Fiscais — CARF, 4ª Câmara, 1ª Turma Ordinária. Recurso Voluntário. Processo nº 13609.720204/2012-13. Acórdão nº 2401-003.670, relatora Carolina Wanderley Landim, Data da Sessão: 09/09/2014.

BRASIL. Conselho Administrativo de Recursos Fiscais — CARF, 4ª Câmara, 1ª Turma Ordinária. Recurso Voluntário. Processo nº 16327.001625/2010-26. Acórdão nº 2401-004.218, relator André Luis Marsico Lombardi, Data da Sessão: 08/03/2016.

BRASIL. Conselho Administrativo de Recursos Fiscais — CARF, 2ª Câmara, 2ª Turma Ordinária. Recurso Voluntário. Processo nº 19515.721036/2012-09. Acórdão nº 2202-005.994, relator Leonam Rocha de Medeiros, Data da Sessão: 04/02/2020.

BRASIL. Conselho Administrativo de Recursos Fiscais — CARF, 2ª Câmara, 2ª Turma Ordinária. Recurso Voluntário. Processo nº 16327.720899/2018-75. Acórdão nº 2202-006.086, relator Leonam Rocha de Medeiros, Data da Sessão: 04/03/2020.

BRASIL. Conselho Administrativo de Recursos Fiscais — CARF, 2ª Câmara, 1ª Turma Ordinária. Recurso Voluntário. Processo nº 16327.720775/2016-28. Acórdão nº 2201-005.158, relator Daniel Melo Mendes Bezerra, Data da Sessão: 09/09/2014.

REFERÊNCIAIS LEGAIS E NORMATIVAS

BRASIL. Constituição da República Federativa do Brasil de 1988. **Palácio do Planalto Presidência da República**, Brasília, DF, 05 out. 1988. Disponível em: http://www.planalto.gov.br/ccivil_03/Constituicao/Constituicao.htm. Acesso em: 13 set. 2019.

BRASIL. Lei nº 10.101, de 19 de dezembro de 2000. Dispõe sobre a participação dos trabalhadores nos lucros ou resultados da empresa e dá outras providências. **Palácio do Planalto Presidência da República**, Brasília, DF, 19 dez. 2000. Disponível em: http://www.planalto.gov.br/ccivil_03/leis/l10101.htm. Acesso em: 25 jun. 2020.

BRASIL. Lei nº 14.020, de 06 de julho de 2020. Institui o Programa Emergencial de Manutenção do Emprego e da Renda; dispõe sobre medidas complementares para enfrentamento do estado de calamidade pública reconhecido pelo Decreto Legislativo nº 6, de 20 de março de 2020, e da emergência de saúde pública de importância internacional decorrente do coronavírus, de que trata a Lei nº 13.979, de 6 de fevereiro de 2020; altera as Leis nos 8.213, de 24 de julho de 1991, 10.101, de 19 de dezembro de 2000, 12.546, de 14 de dezembro de 2011, 10.865, de 30 de abril de 2004, e 8.177, de 1º de março de 1991; e dá outras providências. Palácio do **Planalto Presidência da República**, Brasília, DF, 06 nov. 2020. Disponível em: http://www.planalto.gov.br/ccivil_03/_ato2019-2022/2020/lei/L14020.htm. Acesso em: 24 set. 2021.

BRASIL. Lei nº 13.467, de 13 de julho de 2017. Altera a Consolidação das Leis do Trabalho (CLT), aprovada pelo Decreto-Lei nº 5.452, de 1º de maio de 1943, e as Leis n º 6.019, de 3 de janeiro de 1974, 8.036, de 11 de maio de 1990, e 8.212, de 24 de julho de 1991, a fim de adequar a legislação às novas relações de trabalho. **Palácio do Planalto Presidência da República**, Brasília, DF, 13 jul. 2017 Disponível em: http://www.planalto.gov.br/ccivil_03/_ato2015-2018/2017/lei/l13467.htm. Acesso em: 25 jun.2020.

BRASIL. Decreto-Lei nº 5.452, de 1º de maio de 1943. Aprova a Consolidação das Leis do Trabalho. **Palácio do Planalto Presidência da República**, Brasília, DF, 1º mai. 1943 Disponível em: http://www.planalto.gov.br/ccivil_03/decreto-lei/del5452.htm Acesso em: 25 jun.2020.

BRASIL. Decreto-Lei nº 1.598, de 26 de dezembro de 1977. Altera a legislação do imposto sobre a renda. **Palácio do Planalto Presidência da República**, Brasília, DF, 26 dez. 1977. Disponível em: http://www.planalto.gov.br/ccivil_03/Decreto-Lei/Del1598.htm. Acesso em: 25 jun.2020.

BRASIL. Decreto nº 9.580, de 22 de novembro de 2018. Regulamenta a tributação, a fiscalização, a arrecadação e a administração do Imposto sobre a Renda e Proventos de Qualquer Natureza. **Palácio do Planalto Presidência da República**, Brasília, DF, 22 nov. 2018. Disponível em: http://www.planalto.gov.br/ccivil_03/_ato2015-2018/2018/decreto/D9580.htm. Acesso em: 25 jun.2020.

BRASIL. Lei nº 7.783, de 28 de junho de 1989. Dispõe sobre o exercício do direito de greve, define as atividades essenciais, regula o atendimento das necessidades inadiáveis da comunidade, e dá outras providências. **Palácio do Planalto Presidência da República**, Brasília, DF, 28 jun. 1989. Disponível em: http://www.planalto.gov.br/ccivil_03/leis/l7783.htm. Acesso em: 25 jun.2020.

BRASIL. Lei nº 12.832, de 20 de junho de 2013. Altera dispositivos das Leis nºs 10.101, de 19 de dezembro de 2000, que dispõe sobre a participação dos trabalhadores nos lucros ou resultados da empresa, e 9.250, de 26 de dezembro de 1995, que altera a legislação do imposto de renda das pessoas físicas. **Palácio do Planalto Presidência da República**, Brasília, DF, 20 jun. 2013. Disponível em: http://www.planalto.gov.br/ccivil_03/_ato2011-2014/2013/lei/l12832.htm. Acesso em: 25 jun.2020.

BRASIL. Lei nº 8.212, de 24 de julho de 1991. Dispõe sobre a organização da Seguridade Social, institui Plano de Custeio, e dá outras providências. **Palácio do Planalto Presidência da República**, Brasília, DF, 24 jul. 1991. Disponível em: http://www.planalto.gov.br/ccivil_03/leis/l8212cons.htm. Acesso em: 25 jun.2020.

BRASIL. Decreto nº 3.048, de 06 de maio de 1999. Aprova o Regulamento da Previdência Social, e dá outras providências. **Palácio do Planalto Presidência da República**, Brasília, DF, 06 mai. 1999. Disponível em: http://www.planalto.gov.br/ccivil_03/decreto/d3048.htm. Acesso em: 25 jun.2020.

BRASIL. Lei nº 6.404, de 15 de dezembro de 1976. Dispõe sobre as Sociedades por Ações. **Palácio do Planalto Presidência da República**, Brasília, DF, 15 dez. 1976. Disponível em: http://www.planalto.gov.br/ccivil_03/leis/l6404compilada.htm. Acesso em: 25 jun.2020.

BRASIL. Lei nº 8.036, de 11 de maio de 1990. Dispõe sobre o Fundo de Garantia do Tempo de Serviço, e dá outras providências. **Palácio do Planalto Presidência da República**, Brasília, DF, 11 mai. 1990. Disponível em: http://www.planalto.gov.br/ccivil_03/leis/l8036consol.htm. Acesso em: 25 jun.2020.

BRASIL. Lei nº 8.844, de 20 de janeiro de 1994. Dispõe sobre a fiscalização, apuração e cobrança judicial as contribuições e multas devidas ao Fundo de Garantia do Tempo de Serviço (FGTS). **Palácio do Planalto Presidência da República**, Brasília, DF, 20 jan. 1994. Disponível em: http://www.planalto.gov.br/ccivil_03/leis/L8844.htm. Acesso em: 25 jun.2020.

BRASIL. Medida Provisória nº 794, de 29 de dezembro de 1994. Dispõe sobre a participação dos trabalhadores nos lucros ou resultados das empresas e dá outras providências. **Palácio do Planalto Presidência da República**, Brasília, DF, 29 dez. 1994. Disponível em: http://www.planalto.gov.br/ccivil_03/mpv/Antigas/794.htm. Acesso em: 25 jun.2020.

BRASIL. Medida Provisória nº 905, de 11 de novembro de 2019. Institui o Contrato de Trabalho Verde e Amarelo, altera a legislação trabalhista, e dá outras providências. **Palácio do Planalto Presidência da República**, Brasília, DF, 11 nov. 2019. Disponível em: http://www.planalto.gov.br/ccivil_03/_ato2019-2022/2019/Mpv/mpv905.htm. Acesso em: 25 jun.2020.

BRASIL. Decreto nº 9.580, de 22 de novembro de 2018. Regulamenta a tributação, a fiscalização, a arrecadação e a administração do Imposto sobre a Renda e Proventos de Qualquer Natureza. **Palácio do Planalto Presidência da República**, Brasília, DF, 22 nov. 2018. Disponível em: http://www.planalto.gov.br/ccivil_03/_ato2015-2018/2018/decreto/D9580.htm. Acesso em: 25 jun.2020.

BRASIL. Decreto nº 3.000, de 26 de março de 1999. Regulamenta a tributação, fiscalização, arrecadação e administração do Imposto sobre a Renda e Proventos de Qualquer Natureza. **Palácio do Planalto Presidência da República**, Brasília, DF, 26 mar. 1999. Disponível em: http://www.planalto.gov.br/ccivil_03/decreto/D3000.htm. Acesso em: 25 jun.2020.

BRASIL. Decreto nº 59.598, de 16 de outubro de 2013. Dispõe sobre a implementação, nos termos do inciso XI do artigo 7º da Constituição Federal, e da Lei federal nº 10.101, de 19 de dezembro de 2000, de Programas de Participação nos Lucros ou Resultados no âmbito das empresas controladas pelo Estado e dá providências correlatas. **Palácio dos Bandeirantes**, São Paulo, SP, 16 out. 2013. Disponível em: https://www.al.sp.gov.br/repositorio/legislacao/decreto/2013/decreto-59598-16.10.2013.html. Acesso em: 25 jun.2020.

BRASIL. Nota Cosit nº 426, de 2 de dezembro de 2011. Parcelas pagas aos empregados a título de Participação nos Lucros e Resultados das empresas — não incidência de contribuição previdenciária (Lei nº 10.101 de 2000 e alínea «j», §9º, art.28 da Lei nº 8.212 de 1991). **Secretaria da Receita Federal do Brasil**, Brasília, DF, 2 dez. 2011.

BRASIL. Nota Cosit nº 89, de 11 de junho de 2012. Participação nos Lucros e Resultados da Empresa (PLR). **Secretaria da Receita Federal do Brasil**, Brasília, DF, 11 jun. 2012.

BRASIL. Solução de Consulta nº 368, de 18 de dezembro de 2014. Contribuições Sociais Previdenciárias. Diretor de Sociedade Anônima. Condição de Segurado. Participação nos Lucros e Resultados. Lei nº 10.101/2000. Salário-de-contribuição. **Secretaria da Receita Federal do Brasil**, Brasília, DF, 18 dez. 2014.

BRASIL. Ato Declaratório nº 16/2011. Parecer PGFN/CRJ/Nº 2.114/2011. Tributário. Contribuição previdenciária. Abono único. Não incidência. **Procuradoria-Geral da Fazenda Nacional**, Brasília, DF, 20 dez. 2011.